한경MOOK 한경MOOK는 빠르게 변화하는 사회 흐름에 발맞춰 시시각각 현상을 분석하고 새로운 대안과 인사이트를 제시하기 위한 무크 형태 단행본을 발행하는 한국경제신문사의 브랜드입니다.

CONTENTS

2026 부동산 대전망
한 권으로 끝내는
이재명 정부 부동산 투자 전략 올가이드

PROLOGUE
006   부동산 투자, 흐름을 읽는 법

Opening

008   **부동산 투자 서머리**
       한눈에 보는 2026 부동산 투자

010   **서베이**
       6·27부터 10·15까지 잇따른 대책, 국내 부동산 시장 영향과 전망은

014   **2026 부동산 트렌드**
       2026년 부동산 시장에서는 어떤 일이 벌어질까

Section 1 — Policy 부동산 정책과 시장 향방

022   **정책 돋보기**
       이재명 정부 부동산 정책의 의미, "투기는 엄단, 실거주자에겐 기회"

026   **10·15 대책 해부**
       대출 조이고 세제도 강화, '10·15 대책' 완벽 분석

032   **재개발·재건축 정책**
       "강북 아파트 30억원 시대도 가능"
       김제경 투미부동산컨설팅 소장의 재개발·재건축 투자 포인트

040   **투자 전략**
       임대수익률 & 전세가율, 시장 향방이 보인다

044   **절세 방안**
       다주택자라면 증여 미루지 말 것!

2 Section
Best Places
핵심 입지 갖춘 부동산 투자처는 어디

- 050 **주목, 이 지역!**
  "서울 아니어도 오를 곳 많다", 지역별 돈 되는 신호는?
- 058 **신(新)도시 분석**
  재정비 1기·완성 임박 2기·효과 기대 3기, 수도권 신도시 완벽 정리
- 066 **서울 일급지 전망**
  서울 정비 사업 가속도 붙었다, '압·여·목·성' 현황 전격 분석
- 074 **역세권 투자**
  인천 청라가 양주보다 호재 지역인 까닭
- 078 **역세권 이슈 1**
  천지개벽할 '용산서울코어'
- 084 **역세권 이슈 2**
  돈 되는 역세권 상가는 따로 있다!
- 088 **해외투자**
  전 세계 부자들이 몰려든다, 다시 '핫'해진 일본 부동산 투자

3 Section
Strategy
부동산 분야별 실전 투자 전략

- 094 **청약 전략**
  내 집 마련 고민인 무주택자, 아파트 '청약 당첨' 5가지 전략
- 098 **저렴한 입지 발굴**
  강남·분당 지역, 오래된 아파트에 기회가 있다
- 102 **학군 입지 분석**
  '초품아', '의·치·한·수', 투자 가치 결정하는 변수
- 106 **경·공매 전략**
  정책 반사이익 기대… 강남 아파트와 빌라, 경매시장서 인기
- 110 **틈새 투자**
  현명한 공공임대주택 공략 가이드
- 114 **내 집 마련 전략**
  2026년은 '상고하고'?
- 118 **전세 시장 전망**
  전세난 심화, 부동산 변곡점 알리는 신호탄
- 122 **시니어 하우스 1**
  초고령화 시대, 시니어 하우스 투자해볼까
- 126 **시니어 하우스 2**
  '디지털 시니어'를 모십니다, 시니어 레지던스 주목!
- 130 **단기 임대**
  "2년은 길다… 딱 필요한 만큼만", '단기 임대' 폭풍 성장

Closing

- 134 **'집코노미'는?**
- 136 **Specialist**
  〈2026 부동산 대전망〉을 만든 스페셜리스트

Prologue

부동산 투자, 흐름을 읽는 법

by_김진수
한국경제신문 건설부동산부 부장

한국 사회에서 부동산은 단순한 자산을 넘어 삶의 안정과 미래를 좌우하는 지표로 자리 잡아왔습니다. 가계 자산의 약 80%가 부동산에 묶여 있는 데다 오랜 기간 다른 자산보다 높은 수익률을 보여줬기 때문입니다. 아파트값은 장기적으로 우상향 곡선을 그리며 '부동산 불패'라는 믿음을 키워왔습니다. 특히 서울 강남권은 늘 시장의 중심에 서며 '강남 불패'라는 말까지 낳았습니다.

2020년대 코로나19 이후 잠시 숨 고르기를 했던 시장은 다시 상승세로 돌아섰습니다. 주간 아파트 시황 변동률 때문에 곳곳에서 일희일비합니다. 이처럼 부동산은 여전히 많은 사람의 관심사이자 중요한 투자처입니다. 그러나 이재명 정부 출범 이후 부동산 정책의 기조가 바뀌고 있습니다. 집값은 폭락해도, 폭등해도 안 되고 적정 수준에서 관리돼야 한다는 게 정부의 기본 방침입니다. 여기에 부동산에 과도하게 몰린 자금을 첨단산업과 자본시장으로 옮겨가는 '금융 대전환'을 제시했습니다. 집값 안정을 넘어 경제의 체질 개선을 겨냥한 메시지입니다.

정부가 시장 과열기에는 진정책을, 침체기에는 부양책을 꺼내 드는 것은 당연한 흐름입니다. 이상적인 시장 안정은 '거래가 원활히 이뤄지고 가격이 물가상승률 수준에서 예측할 수 있게 움직이는 상태'를 뜻합니다. 지나친 침체를 막아야 하지만, 서울 강남과 이른바 '한강 벨트'의 과열도 식혀야 합니다. 2025년 정부가 6·27 가계부채 관리 강화 방안, 9·7 주택공급 확대 방안, 10·15 주택시장 안정화 대책을 잇달아 발표한 것도 그 연장선에 있습니다. 동시에 '주가 5000 시대'와 '증시 밸류업' 정책은 부동산에 머물던 자금을 건전한 금융시장으로 유도하려는 정부의 의도를 보여줍니다.

부동산에 대한 관심이 하루아침에 사라지지는 않을 것 같습니다. 무주택자는 전·월세를 구하거나 내 집 마련을 위해 정책과 시장 흐름을 주시합니다. 1주택자는 더 나은 주거지로 갈아타기 위해 시장의 변화를 살피고, 다주택자는 세 부담을 줄일 절세 전략에 주목합니다. 부동산은 단순히 투자 수단을 넘어 실수요와 재테크가 얽힌 생활의 문제이기 때문입니다.

최근 챗GPT에 2026년 상반기 서울 강남 아파트값 전망을 물었습니다. 돌아온 답은 이랬습니다.

"전체적으로 상승 압력은 남아 있지만 강한 상승은 쉽지 않을 가능성이 높습니다. 가격 조정(횡보 또는 약세) 가능성도 있습니다. 다만 강남권 중에서도 입지와 상품성이 뛰어난 단지는 신고가를 경신하거나 가격이 쉽게 내려가지 않을 가능성이 큽니다. 반면 노후 단지나 입지가 불리한 곳은 약세로 전환될 여지가 있습니다."

부동산 시장의 특성을 보여주는 단어 중 하나가 '양극화'입니다. 급등하는 지역과 침체하는 지역이 동시에 존재하며, 강남 안에서도 압구정처럼 재건축 기대가 높은 곳과 변두리 지역 간의 온도 차가 큽니다. 전문가들의 전망과 인공지능(AI)의 진단이 일맥상통하는 부분입니다.

'부동산 시장은 언제 안정될까. 미래를 정확히 예측할 수 있을까.' 이는 누구나 던지는 질문이지만, 정답을 단정하기는 어렵습니다. 부동산은 정책, 금리 변동, 인구 변화, 글로벌 경제 상황 등 수많은 변수의 함수입니다. 오늘 시점에서 그려본 6개월 뒤의 시장과 정부가 새로운 수요 규제책을 내놓은 이후의 시장은 전혀 다른 모습을 보일 수 있습니다.

그렇다고 두 손 놓고 있을 수는 없습니다. 주요 변수를 점검하고 객관적인 통계를 바탕으로 흐름을 읽는다면 불확실성을 줄일 수 있습니다. 2025년 9월 30일부터 10월 1일까지 서울 강남구 삼성동 코엑스에서 열린 '집코노미 박람회 2025'의 부대 행사인 '집코노미 콘서트'에서 20여 명의 부동산 전문가들이 시장 전망과 정책 분석, 재테크 전략을 쏟아낸 것도 그 때문입니다. 이 책은 그 논의의 연장선에서 2026년 부동산 시장을 전망하고, 현명한 투자와 내 집 마련을 돕기 위해 기획됐습니다.

이 책이 독자 여러분께 부동산 길라잡이자 든든한 동반자가 되길 바랍니다. 갈피를 잡기 어려운 시장의 변화를 이해하고 자신만의 전략을 세우는 데 도움이 된다면 더 바랄 것이 없습니다. 이 책을 준비하고 펴내기까지 수고한 한국경제신문 건설부동산부 동료와 지원을 아끼지 않은 집코노미 콘서트 강연자분들께 깊이 감사드립니다.

Opening

한눈에 보는
2026 부동산 투자

뜨는 입지, 아직 저평가된 알짜배기 투자처는
과연 어디일까? 연이어 발표된 부동산 정책으로
대출부터 세금은 또 어떻게 달라질까?
부동산 투자의 1년 설계를 위해 이것만 알면
큰 그림이 그려진다.

부동산 투자처 핫이슈 5

1 일급지 재건축, 신규 물량 앞으로 얼마나 쏟아질까?

압구정 전체 6개 구역 중 2·3구역 주목 약 1만2000가구
목동신시가지 학군에 교통, 최대 물량 4만7438가구
성수전략정비구역 총 4개 지구 9428가구
여의도 노후 주택 속속 공사 진입 약 1만3000가구

2 2030년 용산의 대변신

규모 45만6099㎡ = 일본 도쿄 아자부 다이힐스의 6배
방문객 26만 명
고용 유발 효과 약 15만 명
부가가치 유발 효과 약 13조원

3 GTX-B·C 노선 지역, 가장 극적인 가치 상승 투자처는

GTX-B 노선 인천 송도~경기 남양주 마석
GTX-C 노선 경기 양주 덕정~수원

4 3기 신도시, 청약 조건 된다면 무조건 활용

경기 남양주 왕숙, 하남 교산, 인천 계양, 고양 창릉, 부천 대장 등
총 17만3000가구

5 기타 공공택지, 신도시보다 규모는 작지만 뛰어난 입지

과천, 안산 장상 1만5000가구, 인천 구월2 1만8000가구,
화성 봉담3 1만7000가구, 광명·시흥 7만 가구,
의왕·군포·안산 4만1000가구, 화성 진안 2만 가구

> **알짜 정보! 2024년 지정된 서리풀지구 주목**
> 서초 서리풀지구(2만 가구)는 221만㎡ 규모로 2만 가구 중
> 55%인 1만1000가구는 신혼부부용 장기전세주택(미리내집)으로
> 공급한다.

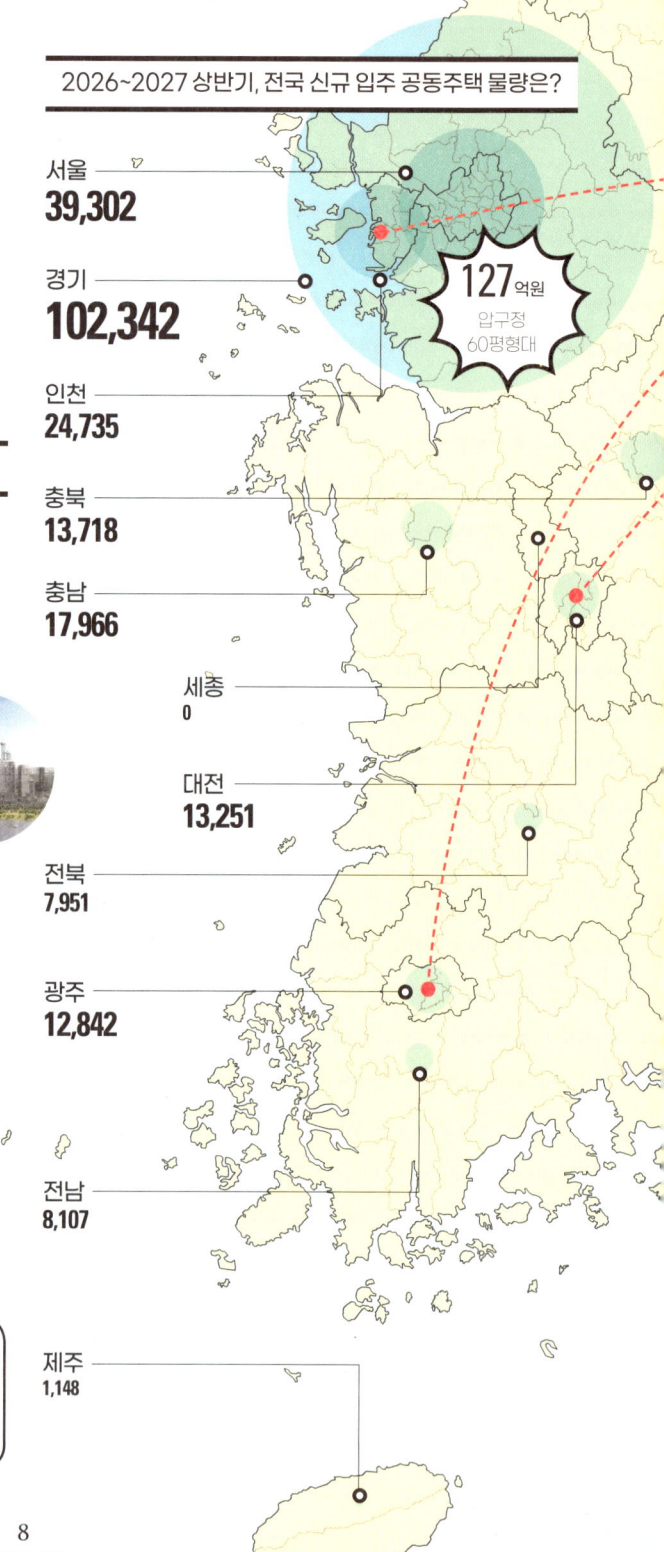

2026~2027 상반기, 전국 신규 입주 공동주택 물량은?

- 서울 **39,302**
- 경기 **102,342**
- 인천 **24,735**
- 충북 **13,718**
- 충남 **17,966**
- 세종 **0**
- 대전 **13,251**
- 전북 **7,951**
- 광주 **12,842**
- 전남 **8,107**
- 제주 **1,148**

127억원 압구정 60평형대

부동산 투자 서머리

전세가 상승세, 가능성 높은 지역은?

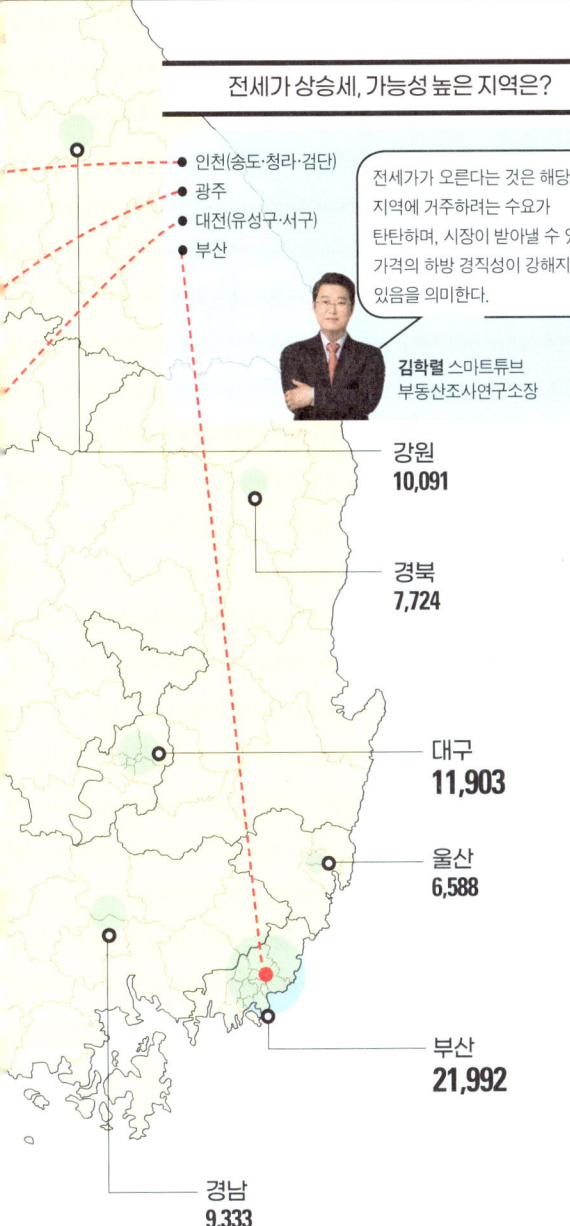

- 인천(송도·청라·검단)
- 광주
- 대전(유성구·서구)
- 부산

전세가가 오른다는 것은 해당 지역에 거주하려는 수요가 탄탄하며, 시장이 받아낼 수 있는 가격의 하방 경직성이 강해지고 있음을 의미한다.

김학렬 스마트튜브 부동산조사연구소장

- 강원 **10,091**
- 경북 **7,724**
- 대구 **11,903**
- 울산 **6,588**
- 부산 **21,992**
- 경남 **9,333**

정책 이슈!

6억원
집 살 때 받을 수 있는 대출 최대 6억원. 물론 고가 아파트는 아니고 15억원 이하 주택만 해당한다. 15억원 초과~25억원 이하 4억원, 25억원 초과일 경우 2억원까지 자금을 빌릴 수 있다.

LTV 40%
주택 담보 인정 비율. 집값의 최대 40%까지만 돈을 빌려준다는 의미다. 단, 비규제 지역 주택일 경우 70%까지도 가능. 물론 집이 있는 사람이라면 아예 대출을 해주지 않고 기존 집을 팔고 이사하는 경우라면 보유 주택을 6개월 이내 처분해야 한다.

9900만원
수도권 및 규제 지역에서 5년 주기형 주택담보대출을 4% 금리의 30년 균등 상환으로 받을 경우, 연봉 5000만원 직장인의 대출 한도는 3억2500만원에서 3억300만원으로 줄어든다. DSR 최대한도인 6억원까지 빌리려면 연봉이 9900만원 이상이어야 한다.

1억8865만원
지금보다 2억원은 더 들고 있어야 내 집 마련이 가능해진다. 37개 규제 지역에서 아파트를 사는 데 필요한 자기자본 평균 금액 증가분은 1억8865만원. 서초구와 강남구 등은 자기자본 추가 필요 금액이 4억원이나 된다.

8%
2주택자 취득세율도 높아졌다. 조정 대상 지역 주택의 경우 1~3% 수준이던 게 8%로 높아졌다. 3주택자는 12%까지 인상된다.

+30%P
현금이 넉넉하지 않은 다주택자라면 '주택 매도'를 심각하게 고려해봐야 한다. 양도소득세가 중과돼 기본 세율(6~45%)에서 2주택자는 20%P, 2주택 이상은 30%P가 추가된다. 이 같은 조치는 2026년 5월까지 한시 유예하니 팔 수 있으면 그 전에 팔라는 신호다.

자료 한국부동산원, 부동산R114, **기준일** 2025년 6월, **단위** 가구
* 발표 자료 재정리, 향후 추가 발표 등에 따라 입주 물량은 달라질 수 있음

Opening

6·27부터 10·15까지 잇따른 대책
국내 부동산 시장 영향과 전망은

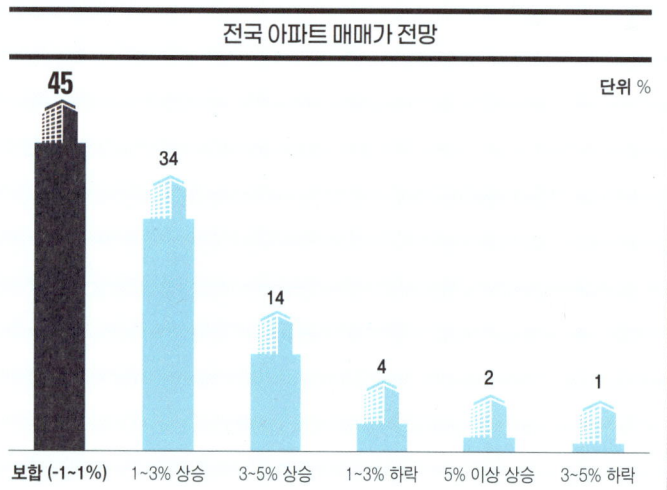

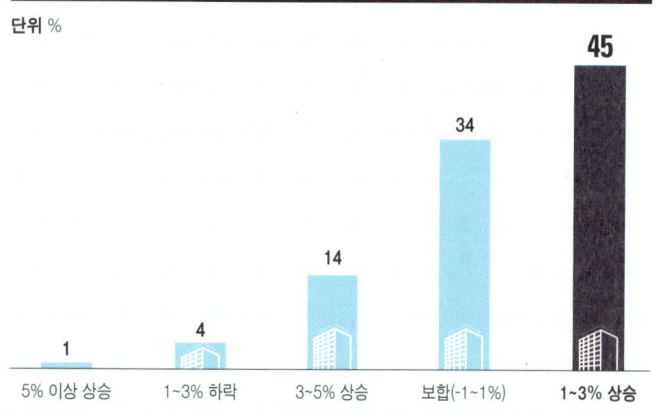

정부가 2025년 6월 말부터 잇따라 발표한 굵직굵직한 부동산 대책은 시장의 불안과 구조적 공급난을 동시에 해결하기 위한 '투 트랙' 대응 전략으로 볼 수 있다. '6·27 가계대출 관리 강화 방안'은 가계 부채 급증과 이른바 '갭투자(전세 끼고 매매)' 재확산을 선제적으로 막는 조치였다. '9·7 주택공급 확대 방안'은 집값 급등을 중장기적으로 잠재우기 위해 다양한 공급책 보강에 무게를 뒀다. 이어 나온 '10·15 주택시장 안정화 대책'은 부동산 투기 수요 차단이라는 정부의 강력한 의지를 드러낸 종합 대책이었다.

약 4개월 새 3연속 '빅 카드'

6·27 대책은 수도권에서 다주택자 주택담보대출 전면 금지, 1주택자와 무주택자의 주택담보대출 금액 제한과 실거주 의무 부여 등 전방위적인 '대출 옥죄기'로 해석할 수 있다. 전세대출 보증 비율을 축소하고 신용대출 한도도 줄이는 등 초과 투자 수요를 최소화하겠다는 의지를 보여준 대책이었다. 돈줄을 막아 수요를 억누른 배경에는 가계부채 급증이 있다. 2025년 2분기 가계대출 차주의 1인당 평균 대출 잔액은 9660만원으로, 관련 통계가 작성된 2012년 이후 역대 최대치다.

서베이

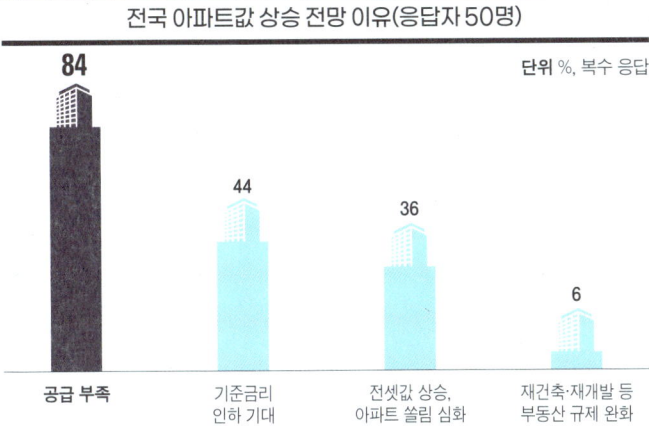

전국 아파트값 상승 전망 이유 (응답자 50명)
단위 %, 복수 응답
- 공급 부족: 84
- 기준금리 인하 기대: 44
- 전셋값 상승, 아파트 쏠림 심화: 36
- 재건축·재개발 등 부동산 규제 완화: 6

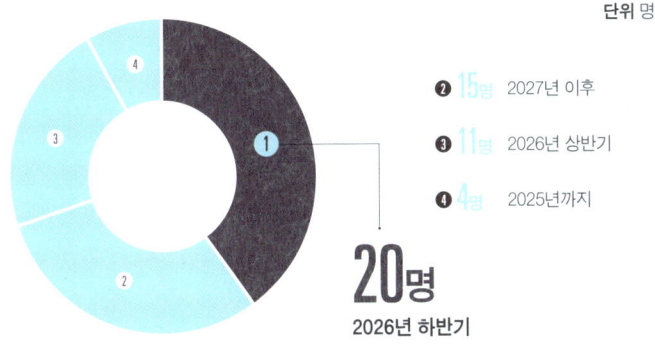

전국 아파트값 상승세 지속 기간 (응답자 50명)
단위 명
- ① 20명 2026년 하반기
- ② 15명 2027년 이후
- ③ 11명 2026년 상반기
- ④ 4명 2025년까지

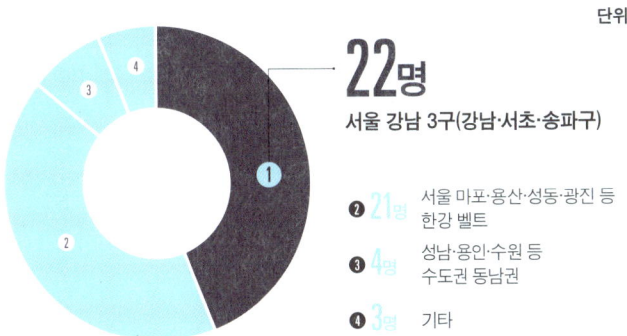

전국 아파트값 상승세 이끄는 곳 (응답자 50명)
단위 명
- ① 22명 서울 강남 3구(강남·서초·송파구)
- ② 21명 서울 마포·용산·성동·광진 등 한강 벨트
- ③ 4명 성남·용인·수원 등 수도권 동남권
- ④ 3명 기타

9·7 대책은 '2030년까지 수도권 135만 가구 공급'이라는 구체적 목표와 재건축·재개발 신속 추진 등 공급자와 수요자 모두를 겨냥한 다층적 대책이었다. 주택 물량 확대를 통한 가격 안정의 신호탄으로 읽히길 기대했던 정부 의도와는 달리 시장 반응은 탐탁지 않았던 게 현실이다.

결국 정부는 10·15 대책으로 앞선 두 정책의 보완을 넘어 서울 전역과 경기도 12개 지역을 전면 규제 지역(조정대상지역·투기과열지구·토지거래허가구역)으로 지정했다. 이를 두고 "단순한 안정 대책이 아니라 부동산을 재테크 수단에서 배제하고, 금융시장으로 유동성을 이동시키는 구조적 전환 정책"(양지영 신한 프리미어 패스파인더 전문위원)이란 평가까지 나왔다.

정책과 시장의 상관관계

정부의 잇따른 대책의 배경에는 2024년부터 이어진 서울 강남 3구(강남·서초·송파구)와 마포·용산·성동·광진구 등 한강 벨트의 집값 급등, 갭투자와 전세 사기 우려, 번지는 '풍선 효과' 등이 자리 잡고 있다. 과거에도 비슷한 규제는 반복돼왔다. 2017년 8·2 대책(재건축초과이익환수제 부활·양도소득세 강화), 2018년 9·13 대책(종합부동산세 강화), 2019년 12·16 대책(15억원 초과 주택에 대한 주택담보대출 금지), 2020년 6·17 대책(토지거래허가구역 지정) 등이 연달아 나왔지만, 규제를 피한 '풍선 효과'가 나타나면서 집값만 급등하는 결과를 낳았다.

Opening

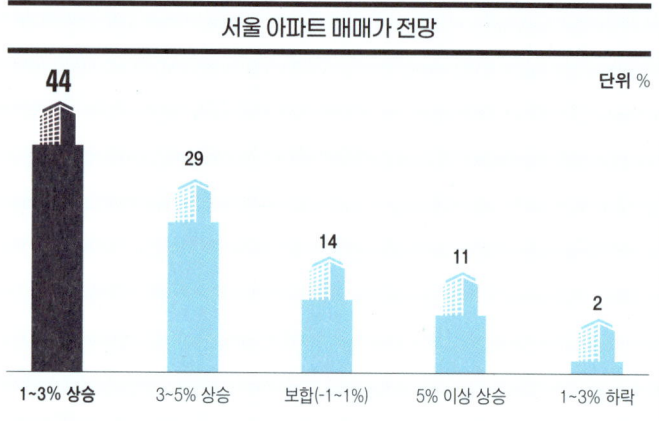

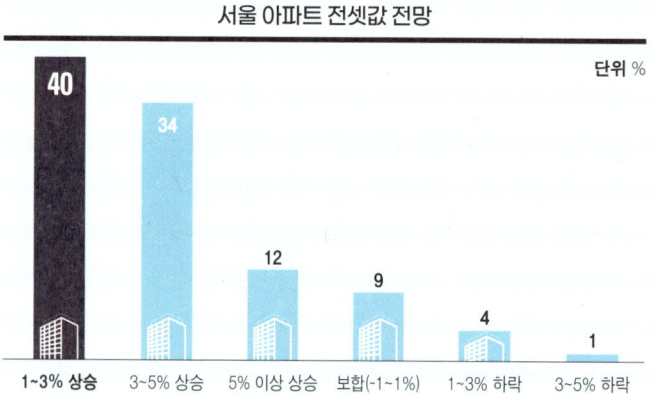

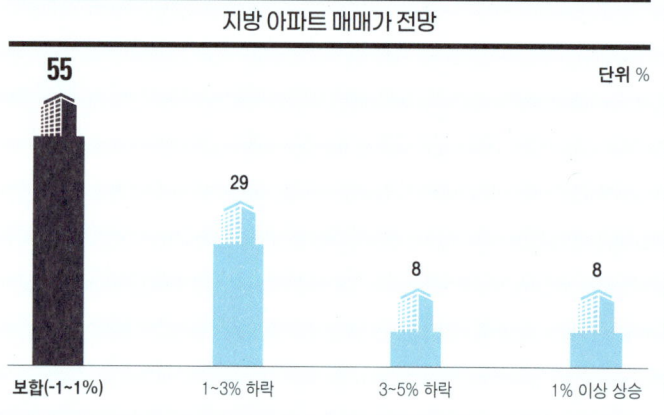

이재명 정부 들어 세 차례에 걸쳐 발표한 부동산 대책의 실효성에 대해서 전문가 평가는 엇갈리고 있다. 강력한 규제에도 시장의 수급 불균형 문제로 중장기적 효과를 내기 어렵다는 분석도 나온다. 9·7 대책에서 발표된 공급 계획의 상당수는 최소 2~3년 이후 효과가 나타날 수 있다. 단기적으로는 주택 거래량은 줄고, 임대차 시장에서 공급 부족으로 전셋값과 월세가 동반 상승할 것이란 우려도 있다.

한국경제신문이 2025년 10월 초 부동산 전문가 100명을 대상으로 설문 조사한 결과도 이를 그대로 보여준다. 전문가들 84%는 2025년 말까지 서울 아파트 매매가는 1% 이상 상승할 것으로 내다봤다. 상승 요인으로는 신규 공급 부족이 가장 큰 원인으로 꼽혔다. 기준금리 인하 기대, 전셋값 상승에 따른 아파트 쏠림 현상 등으로 인기 주거지 중심으로 가격 상승이 지속될 것이란 예상이다.

서울 아파트 전셋값 역시 당분간 고공 행진을 이어갈 것이란 전망이 적지 않았다. 전문가 86명은 2025년 말까지 1% 이상 상승할 것으로 내다봤으며, 3~5% 오름폭을 예상한 응답자도 34명에 달한다. 입주 물량 감소, 전세의 월세 전환 가속화, 전세 보증 강화 등 복합적 요인 때문으로 분석했다.

2026 부동산 시장의 변수

2025년 말부터 2026년까지 부동산 시장은 정책 효과와 대기 수요의 힘겨루기 국면에 놓일 전망이다. 가계대출 총량 조절과 투기거래 옥죄기로 매매량 감소와 단기 조정 압력이 불가

서베이

공급절벽 해소 및 시장 안정 위해 필요한 정책

단위 %

1. **28%** 재건축·재개발 등 정비사업 규제 완화
2. **19%** PF 보증 확대 등 주택공급 여건 개선
3. **14%** 부동산 수요 회복을 위한 세제 혜택
4. **10%** 공사비 현실화 및 금융비용 부담 완화
5. **9%** 분양가 상한제 폐지 등 공급 규제 완화
6. **8%** 그린벨트 풀어 수도권 주택공급 확대
7. **3%** 생활형 숙박시설·오피스텔 등 비아파트 규제 완화
8. **9%** 기타

부동산 유망 투자상품

단위 %, 복수 응답

1. **54%** 아파트 분양(공공·민간 분양)
2. **35%** 준공 5년 이내 신축 아파트
3. **32%** 재건축 아파트
4. **29%** 재개발 구역 지분
5. **8%** 경매
6. **5%** 중소형 빌딩(꼬마 빌딩)
7. **4%** 토지
8. **3%** 수익형 부동산
9. **2%** 상가
10. **3%** 기타

내 집 마련 적기

단위 %

1. **57명** 이르면 이를수록 좋음
2. **20명** 당분간 주택 매수 보류
3. **8명** 2026년 상반기
4. **7명** 2026년 하반기
5. **8명** 기타

피할 전망이다. 무주택·1주택 실수요자의 관망세도 길어질 가능성이 높다. 다만 집값 급락보다는 당분간 보합 흐름을 이어갈 것으로 예상하는 전문가가 많다. 정부 규제에서 비껴난 일부 지역(안양 만안, 화성, 구리, 남양주 등)에서는 '풍선 효과'가 나타날 수 있다는 전망도 나온다.

2026년 부동산 시장은 금리 변동, 실물 경기, 증시 등 외부 변수도 추가로 시장 심리에 적지 않은 영향을 미칠 것으로 보인다. 정부 정책이 단기적 시장 수요를 억누르는 데 성공하더라도, 장기 안정에는 현실적인 공급 증대와 시장 신뢰 회복이 필수적이다. 2025년 말 이후 본격 착공되는 신규 택지, 세제 개편 논의 등이 2026년 부동산 시장의 열쇠가 될 전망이다. 정부의 정책이 실효성을 발휘하기 위해서는 서울 인기 주거지를 포함해 수도권에서 공급 확대와 재건축·재개발 규제 완화가 함께 이뤄져야 할 것이라는 지적이 나온다.

10·15 대책을 포함한 일련의 정책은 부동산 시장을 방치하지 않겠다는 정부의 의지를 보여준다. 그러나 정책은 '발표'보다는 실행력이 중요하며, 단기적 효과보다는 장기적 신뢰 회복이 관건이다. 지금은 정부가 시장에 신뢰를 심어줄 기회일 수 있다. 일관성 있는 정책 집행, 공급 가시화, 금융시장과의 정교한 연계가 필요하다. 그래야만 앞으로 부동산 시장이 안정적인 흐름을 이어갈 수 있을 것이다. 2026년은 수도권 주택 시장이 '구조적 정상화'의 길로 접어들지 판명되는 분기점이 될 것이다.

Opening

2026년 부동산 시장에서는 어떤 일이 벌어질까

2026년 부동산 시장은 어떤 모습일까. LH(한국토지주택공사)의 공공주택 공급 확대, 금리 인하 기대 등으로 매맷값과 전셋값 강세가 점쳐지는 가운데 인공지능(AI)과 만난 주거 공간, 인구구조가 바꾸는 주택 수요 같은 새로운 현상이 트렌드로 떠오를 전망이다.

1.

혼자 살거나 노인들만 살거나
◉ 인구구조가 주택 시장에 주요 변수로 작용한다

저출생·고령화는 더 이상 새로운 이슈가 아니다. 한국은 2024년 말 65세 이상 고령 인구가 1024만 명으로 전체의 20%를 넘어 '초고령사회'에 진입했다. 가구 구성의 변화도 주목된다. 2023년 말 기준 국내 1인 가구는 782만9000가구로 전체의 35.5%를 차지했다. 2인 가구는 28.8%(634만6000가구), 3인 가구는 19%(419만5000가구), 4인 가구는 16.8%(370만3000가구)다. 조만간 10가구 중 7가구가 1~2인 가구가 될 전망이다. 이에 따라 소형 주택과 1~2인 가구 중심의 주거 수요가 더욱 확대될 것으로 보인다. 주택 설계 단계부터 유연한 평면과 모듈형 설계, 커뮤니티 공간 등이 중요해질 가능성이 크다. 고령층을 위한 전통적인 실버타운뿐 아니라 요양 주택, 헬스케어 리츠 등 다양한 형태가 등장하고 있다. 의료·보건 연계 서비스와 무장애(Barrier-free) 설계, 여가·교육 프로그램 등이 핵심 요소로 부상하고 있다.

2. 대출 수요가 늘어날 것이다
➡ 금리 인하 기대가 시장에 활력을 불어넣는다

코로나19에 따른 양적 완화와 글로벌 인플레이션 대응 차원에서 금리 인상이 잇따랐다. 2021년 8월 0.5%였던 기준금리는 2023년 3.5%를 유지하다가 2024년 10월 3.25%로 0.25%P 내렸다. 2025년 5월 이후 2.5%를 유지하고 있다. 고금리 기조로 국내 부동산 시장도 거래가 크게 줄어드는 등 위축된 모습이었다. 금리 흐름은 부동산 시장 투자 심리에 직접적 영향을 미친다. 한국은행이 추가 인하 기조를 보이면 자금 조달 부담이 완화돼 매수세가 살아날 수 있다. 금리 인하가 경기 둔화 우려와 맞물리면 인하 강도는 약화할 수 있다. 금리 안정 기대가 커지면 레버리지(저리 대출)를 활용한 투자와 개발 프로젝트 자금 수요가 늘어난다. 2026년 금리 인하 기대가 투자와 매수 심리를 자극하는 변수가 될 수 있다. 금리 하락은 대출 접근성을 높이고 유동성을 확대해 매매와 임대차 시장 모두에 활력을 불어넣는다. 서울 강북이나 수도권 외곽 등 상대적으로 저가 주택 시장에서 매수세가 먼저 움직일 가능성이 크다.

3. 안전을 위해 건설 비용이 커진다
➡ 중대재해 예방, 건설업계의 최대 과제다

2026년에도 중대재해 예방과 산업 안전 강화가 부동산 시장의 핵심 이슈로 꼽힌다. 2021년 1월 시행된 중대재해처벌 등에 관한 법률에 대응하기 위해 건설업계는 사고 예방을 위한 투자 확대와 안전관리 체계 재정비에 한창이다. 전체 산업재해 사망자의 절반가량이 건설 현장에서 일어나고 있다. 공사 규모가 큰 주택·재개발 현장에서 추락과 붕괴 사고가 일어나면서 대형 건설사뿐 아니라 중견·중소 건설사까지 안전 관련 예산을 늘리고, 현장별 전담 안전관리자를 두고 있다. 그러나 안전 비용이 공사비를 끌어올리면서 일부 현장에서는 분양가 부담과 사업 지연이 현실화하고 있다. 정부가 발주 기준과 공사비 산정 방식에 안전 투자분을 반영하도록 개선하고 있다. 앞으로 부동산 시장에서도 안전 규제는 단순한 리스크 요인이 아니라 기업 경쟁력과 사업 지속성의 핵심 지표로 자리 잡을 전망이다. 안전을 비용이 아닌 투자로 인식하는 기업이 시장 신뢰와 기회를 선점할 가능성이 크다.

4.
'공공주택살이'가 보편화된다
○ LH가 직접 시행에 나서는 일이 많아진다

LH는 그동안 토지를 수용해 택지를 조성한 뒤 민간업체에 팔아 주택을 공급해왔으나 앞으로는 공공이 택지 매각을 중단하고 직접 시행에 나선다. 노후 공공시설과 유휴 부지 개발, 영구 공공임대 재건축으로 공급을 늘린다. 매년 수도권에서 27만 가구 등 2030년까지 5년간 총 135만 가구의 주택을 새로 공급한다. 이재명 정부의 첫 공급 대책인 '9·7 주택공급 확대 방안'의 핵심 내용이다. 인허가가 아닌 착공 기준 공급 목표다. 수도권 연평균 공급 물량은 25만 가구가 적정하지만, 2022~2024년 추세(연평균 15만8000가구)가 지속될 경우 연간 9만2000가구가 부족하다. 이를 고려해 연간 11만2000가구를 더 공급하겠다는 방안이다.

2026년 공공의 역할 강화와 착공 물량 증가가 부동산 시장 안정을 예측할 수 있는 주요 변수 중 하나다. 일각에서는 도심 공급의 80%를 재건축·재개발이 담당하는 만큼 도시 정비 분야에서 규제를 완화해 민간이 사업할 수 있는 여력을 키워줘야 한다는 지적이 나온다.

5.
수도권 신축 아파트가 귀해진다
○ 2026년은 수도권 중심으로 아파트 입주 물량이 급감할 것이라는 우려가 적지 않다

부동산R114는 2026년 전국 아파트 입주 예정 물량을 2025년(28만3961가구)보다 21.7% 감소한 21만2216가구로 전망했다. 서울만 놓고 보면 2026년 입주 물량은 2만4462가구로 2025년 예정 물량(약 4만7000가구)에 비해 반 토막 날 것이라는 통계도 있다. 공급 부족의 원인은 고금리 지속, 공사비 상승 등에 따른 민간의 사업 기피, 정부 규제·인허가 지연 등이 복합적으로 작용한 결과다.

국토교통부 통계 기준으로 2025년 1~7월 신규 주택 준공(입주) 물량은 23만1172가구로 전년 동기 대비 7.0% 감소했다. 같은 기간 아파트 착공 물량도 12만4547가구로 전년 동기 대비 13.1% 줄었다. 그 결과 청약 경쟁은 치솟고 새 아파트 인기도 달아오르고 있다. 2025년 8월 서울 송파구 '잠실 르엘'은 110가구 모집에 6만9476명이 몰려 631.6 대 1의 경쟁률을 기록했다. 서울 아파트 평균 청약 경쟁률은 2025년 7월까지 약 96.83 대 1로 역대 세 번째로 높은 수준이었다.

6.
프로젝트 리츠를 자주 접하게 된다
○ 프로젝트 파이낸싱(PF) 부실을 대체할 해법이다

PF는 아파트, 오피스, 물류센터 등 특정 개발 사업의 미래 분양·임대 수익을 담보로 자금을 조달하는 방식이다. 미분양 누적과 금리 부담으로 상환 지연과 연체율 급증이 이어지고 있다. PF 부실을 줄이기 위해 금융권은 사업장 심사를 더욱 보수적으로 하고, 디벨로퍼는 자금 조달 방식을 다변화해야 한다.

특히 주목받는 해법이 프로젝트 리츠다. 2025년 11월 28일 시행되는 부동산투자회사법 개정안은 개발사업에 특화된 리츠 제도 도입을 담고 있다. 개발사업을 리츠 형태로 전환해 공모나 기관투자로 자금을 유치하고, 준공 이후에는 임대 수익을 투자자에게 배당하는 구조다. PF 대출 중심의 개발 방식을 자본시장 기반으로 전환해 금융권의 대손 위험을 줄이고, 사업 리스크를 다수의 투자자가 분산해 부담할 수 있다.

7.
월세가 점점 더 늘어난다
○ 전세는 수요도 물량도 줄어드는 추세다

우리나라는 오랫동안 전세 중심의 주거 문화를 유지해왔다. 하지만 최근 몇 년 새 금리 상승과 전세 사기, 대출 규제 등의 여파로 임대차 시장이 큰 변화를 맞고 있다. 1~2인 가구, 청년층, 사회 초년생은 초기 자금 부담이 큰 전세보다 월세나 반전세를 선호한다. 임대 보증 요건 강화, 집주인의 월세 선호 등도 시장 변화에 영향을 미치고 있다. 선진국처럼 월세 중심 임대 체계로 전환하고 있다는 얘기다.

2025년 8월 기준으로 서울 강남구 아파트 전세가율(매매가 대비 전세가 비율)은 약 38.7%로, 2016년 이후 11년 만에 최저치이자 역대 최저 수준이다. 강남 지역 아파트 매매가가 폭등했지만, 전세가는 상승 폭이 상대적으로 더디다. 전세자금으로 내 집을 마련하는 주거 사다리 차원에서 전세 시장 안정이 필요하다는 지적이 나온다.

빌라(다세대·연립주택)나 오피스텔 등에서 전세보다 월세 비중이 높아지고 있다. 업계에서는 이 같은 변화를 반영하고 젊은 층의 주거 부담을 완화하기 위해 등록임대주택사업을 활성화해야 한다는 주장이 나오고 있다.

8.
물류 부동산 시장이 주목받는다
◐ 스마트 물류 시스템이 물류 부동산 가치를 높이고 있다

전자상거래 지속 성장, 물류 소비자 기대 수준 상승 등으로 도심 주변이나 도심 내 라스트마일(Last-mile) 물류 시설, 도심형 물류센터 등이 부각될 수 있다.

라스트마일 물류는 상품이 물류센터에서 최종 소비자 집까지 직접 배송되는 마지막 물류 단계를 의미한다. 전체 공급망 비용의 상당 부분을 차지하고 최종 소비자 경험을 결정짓는 중요한 구간이다. 많은 기업이 효율성을 높이기 위해 드론, 로봇 등 다양한 기술과 서비스를 도입하고 있다.

자동화, 스마트 물류 시스템, 배달 로봇·드론 연계 가능성 등이 물류 부동산의 가치를 이끌 전망이다. 토지 확보 경쟁, 규제, 교통 혼잡 리스크 등이 변수다. 2023년 1753억 달러였던 글로벌 물류 시장 규모가 2032년까지 연평균 6%대 성장할 것으로 전망된다.

생성형 AI의 등장, 클라우드 서비스, 빅데이터, 디지털 전환 등으로 데이터 생성 및 처리량이 기하급수적으로 늘고 있다. 방대한 데이터를 저장하고 관리하는 필수 인프라 시설인 데이터센터가 주목받는 이유다. 이 시장은 2030년까지 수백조원 규모로 성장할 전망이다.

9.
환경을 생각하는 건축이 트렌드
- 건축에 ESG 바람이 분다

2025년 6월 30일부터 민간 아파트도 '제로에너지 건축물(ZEB) 5등급 수준'의 설계 기준이 의무화됐다. 이 규정은 '녹색건축법'에 따라 새로 사업계획 승인을 받는 30가구 이상 공동주택에 적용된다. 건물의 단열 성능을 강화하고 태양광 등 신재생에너지 활용을 의무화해 에너지 소비를 최소화하는 게 목표다. 업계에서는 환경 규제로 공사비와 분양가 상승이 불가피할 것으로 보고 있다.

글로벌 투자자나 금융기관은 ESG(환경·사회·지배구조) 경영을 투자 판단의 핵심 요소로 삼고 있다. 건축 단계에서의 에너지 효율, 탄소 배출 저감, 친환경 자재 사용, 그린 인증(LEED, WELL 등) 건물이 부동산 가치에서 프리미엄을 받을 가능성이 높다. 장기적으로 규제와 사회적 요구 증가로 오래된 건물이라도 리노베이션을 통한 친환경 업그레이드 여력이 있는 자산이 더 선호될 수 있다. 에너지 비용 상승과 정부의 녹색 정책 인센티브도 이러한 흐름을 자극할 가능성이 높다.

10.
부동산 시장도 AX 붐이 인다
- 부동산 산업에도 디지털 전환(DX)과 AI 바람이 거세다

공사비 상승과 안전 규제 강화로 OSC(탈현장 건설) 공법이 빠르게 확산하고 있다. OSC는 외벽, 배관 등 주요 부품을 공장에서 미리 제작해 현장에서 조립하는 방식으로, 공기 단축과 품질 관리에 유리하다. 모듈러 주택과 프리캐스트 콘크리트(PC) 주택이 대표적이다.

개발·운영 단계에서는 사물인터넷(IoT), AI 기반 건물 관리 시스템(BMS), 스마트 에너지 관리, 자동제어, 디지털 트윈 활용으로 효율성을 높이고 있다. 매매·임대 플랫폼, 자산 관리 솔루션, 감정평가 알고리즘, 가상현실(VR)·증강현실(AR) 기반 가상 투어 등 프롭테크(PropTech) 서비스도 투자와 경쟁의 핵심 분야로 자리 잡았다.

건설사는 첨단 기술로 유지보수 비용 절감과 공실 최소화, 입주자 만족도 제고를 꾀하고 있다. 다만 초기 투자 비용 부담과 기술 안정성, 표준화 미비, 데이터 보안 문제 등은 해결해야 할 과제로 꼽힌다.

Section 1

부동산 정책과 시장 향방

부동산 시장은 정책 방향에 크게 좌우되며, 최근 완화에서 다시 관리 강화 기조로 전환되고 있다. 고금리와 규제 변화 속에 시장은 관망세와 양극화를 보이고 있으며, 향후 금리·공급·정책의 지속성이 향방을 결정할 핵심 변수가 될 것이다.

정권별 서울 아파트 시세 변화

2003년 2월 — 노무현 — **3억**

2008년 2월 — 이명박 — **5억3000만**

임기 중 상승액 2억3000만(80)

−5000만(−10)

정책 돋보기
"투기는 엄단, 실거주자에겐 기회"
p. 22

10·15 대책 해부
대출 조이고 세제도 강화,
'10·15 대책' 완벽 분석
p. 26

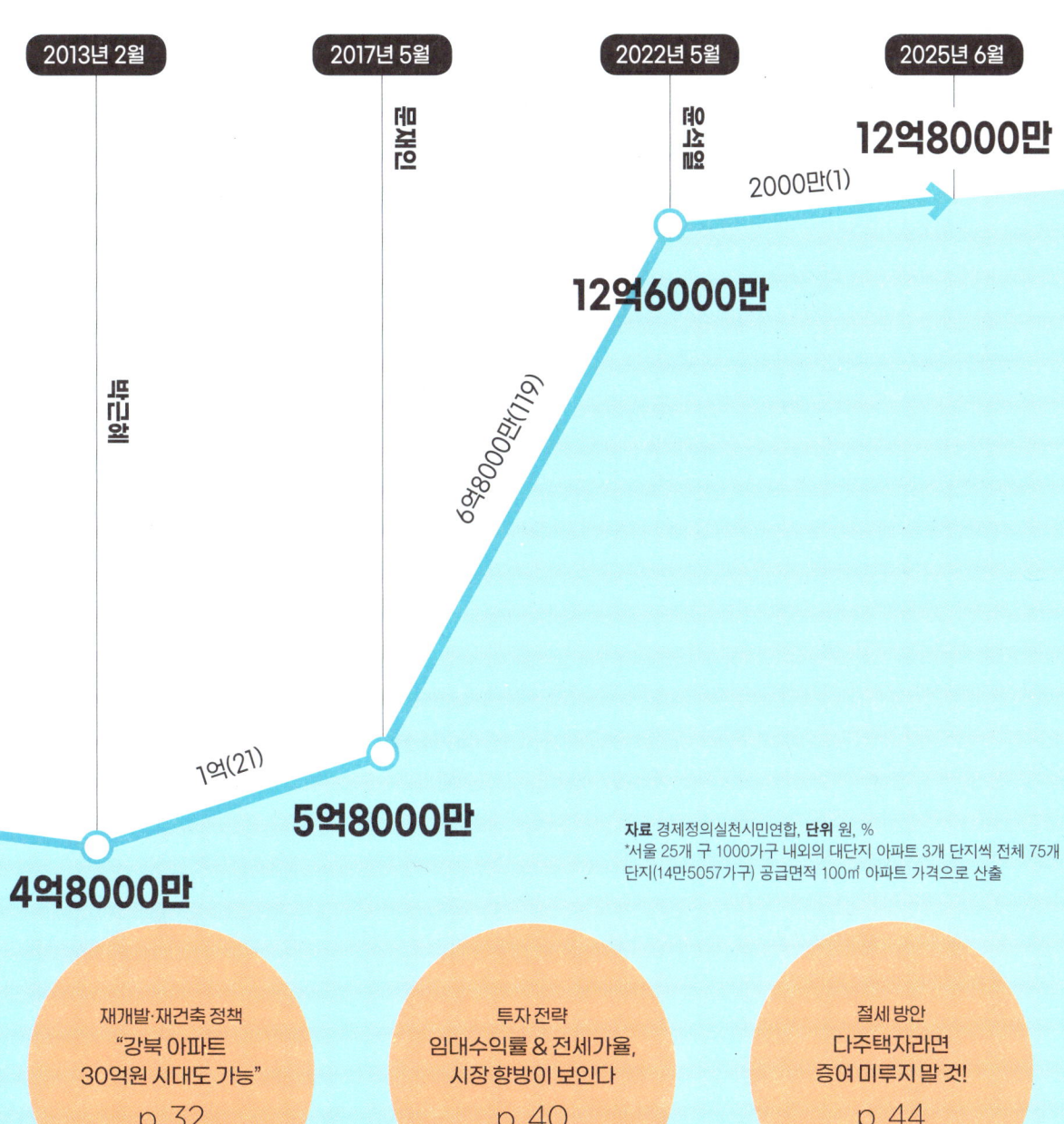

Section 1 | Policy

이재명 정부는 집값 안정을 목표로 '6·27 대책' 등 과감한 규제 정책을 내놓고 있다.

이재명 정부 부동산 정책의 의미
"투기는 엄단, 실거주자에겐 기회"

2025년 이재명 정부가 들어서며 부동산 정책이 큰 변화를 맞고 있다. 주택 공급 속도를 높여 시장 기능 회복을 강조한 것. 무주택자와 실소유자, 투자자 모두 정부의 부동산 정책 방향에 촉각을 곤두세우고 있다. 정권 시작부터 지난 정부의 모든 규제를 합한 것보다 강하다는 평가의 '6·27 가계부채 관리 강화 방안'이 가장 큰 관심사다.

여기에 부동산 보유세 인상 등 시장을 뒤흔들 카드도 준비 중이다.

전보다 더 강해진 '부동산 정책'

"투자 수단이 주택 또는 부동산으로 한정되다 보니 자꾸 주택이 투자 수단 또는 투기 수단이 되면서 주거 불안정을 초래해왔습니다."
이재명 대통령이 2025년 7월 고강도 대출 규제를 골자로 한 '6·27 대책' 발표 직후 강조한 내용이다. 국내 주식 시장 활성화를 논의하는 자리에서 나온 발언이지만, 이 대통령이 부동산 투기를 국가 경제 발전의 걸림돌로 여기고 있는 것 아니냐는 걱정이 시장에서 쏟아졌다.
전문가들은 이 대통령이 규제와 동시에 '공급'이라는 시장 원리를 함께 강

정책 돋보기

역대 정권별 부동산 정책 기조와 공급 지표

역대 정권	정책 기조	분양	입주
노무현(2003/02~2008/02)	규제	149	171
이명박(2008/02~2013/02)	완화	114	132
박근혜(2013/02~2017/03)	완화	176	126
문재인(2017/05~2022/03)	규제	155	173
윤석열(2022/05~2025/04)	완화	75	113
이재명(2025/06~)	규제	-	-

자료 국토교통부, 부동산R114, **단위** 만 가구

조하고 있다는 점을 고려해야 한다고 조언한다. 지난 정부에서 공급 없는 규제 일변도로 시장 부작용만 초래했다는 비판을 수용했다는 설명이다.
실제 이 대통령은 대선 후보 시절부터 공급 확대를 일관되게 강조했다. 그는 장기임대 공공주택인 '기본주택' 공약을 전면에 내세우며 시장 안정에 대한 강한 자신감을 보였다. 단순히 물량을 늘리는 것을 넘어 집 없는 서민도 역세권 등 좋은 입지에서 저렴한 임대료로 평생 거주할 수 있는 환경을 만들겠다는 구상이었다. 세금으로 집값을 인위적으로 누르기보다 시장 원리를 존중하되 투기적 수요는 확실히 잡겠다는 뜻을 비쳤다.
특히 부동산으로 인한 불로소득은 용납하지 않겠다는 원칙을 세웠다. 개발이익환수제 강화와 토지이익배당제 도입 가능성까지 시사하며 시장에 강력한 신호를 보냈다. 이는 부동산 시장의 과열을 막기 위한 근본적인 해법이었다.
취임 후 대통령의 메시지는 한층 더 명확하고 강해졌다. "주택은 투기의 수단이 될 수 없으며, 거주라는 본래의 목적을 되찾아야 한다"고 거듭 강조했다. 이는 단순한 공급 확대 정책이 아니었다. 부동산의 공공성을 회복하고 강화하겠다는 강력한 의지의 표명이었다. 정부는 곧바로 개발이익 환수를 위한 구체적인 제도 마련에 착수했고, 투기 의심 거래에 대한 강도 높은 조사를 예고했다. LH(한국토지주택공사)의 사업 구조를 개혁하고, 민간에 택지를 매각하기보다 공공이 직접 개발하는 공영 개발을 확대하기로 했다.
시장 참여자들은 이전 정부와는 다른 정책 강도에 긴장하기 시작했다. 무주택자들은 마침내 집값 안정을 이룰 수 있을 것이라는 기대감을 보였다. 다주택자들과 투자자들은 강력한 압박을 느꼈다. 이재명 정부의 부동산 정책은 투기 수요를 억제하고 실수요자를 철저히 보호하는 것을 목표로 삼았다. 사람들은 숨죽인 채 정부의 다음 행보를 주목하고 있다.

수도권 전방위 대출 규제한 '6·27 대책'

이재명 정부는 첫 부동산 관련 종합 대책을 제시했다. 2025년 6월 27일 발표한 6·27 대책이다. 시장이 예상했던 수준을 뛰어넘는 고강도 대출 규제책이었다. 강남권 등 일부 지역에서 시작된 집값 상승세가 서울 전역으로 확산할 조짐을 보이자 꺼내 든 강력한 카드였다. 6·27 대책은 가계부채의 뇌관을 제거하고 수도권의 투기 수요를 원천 차단하는 것을 목표로 했다. 투기 과열을 막기 위한 극약 처방이었다.

6·27 대책에 포함된 주요 부동산 대출 규제

한도 최대 6억원, 만기 30년 제한
조건 6개월 내 전입 의무, 다주택자 금지
(1주택도 6개월 내 처분 조건)
추가 규제 생활안정자금·전세자금 대출 금지, 신용대출 한도 축소
보증·LTV 전세대출 보증 비율 90→80%, 생애 첫 LTV 80→70%
디딤돌·버팀목 등 정책대출 한도 축소, 은행·정책대출 총량 관리

Section 1 | Policy

'6·27 대책'으로 전세 보증비율을 90%에서 80%로 축소했다.

대책의 핵심은 총부채원리금상환비율(DSR)의 전면 강화였다. 이전까지 일부에만 적용되던 차주 단위 DSR 40% 규제가 모든 금융권의 1억원 초과 모든 대출로 확대 적용되었다. 소득 기반의 대출이라는 원칙을 확고히 한 것이다. 또 수도권 내 주택담보대출 한도는 차주의 소득과 무관하게 최대 6억원으로 묶였다. 이는 고가 아파트에 대한 대출을 활용한 갭투자(전세 끼고 매매)를 사실상 불가능하게 했다.

다주택자의 돈줄은 완전히 막혔다. 투기지역 내 주택담보대출비율(LTV)이 대폭 축소돼 추가 대출이 불가능해졌기 때문이다. 1주택자 역시 규제를 피하지 못했다. 규제 지역 내에서 주택을 구매할 경우 6개월 내 기존 주택 처분 및 신규 주택 전입 의무가 부과됐다. 이를 어기면 대출금을 즉시 회수하고 향후 3년간 주택 관련 대출을 전면 금지했다.

시장은 즉각적으로 얼어붙었다. 주택 수요자는 큰 혼란에 빠졌다. 특히 '영끌(영혼까지 끌어모아 매수)'을 통해 내 집 마련을 계획하던 젊은 층과 신혼부부의 타격이 컸다. 자금 조달 계획이 하루아침에 무너지면서 '부동산 사다리'가 끊겼다는 절망감이 사회 전반으로 확산했다. 6·27 대책은 단기적인 시장 안정 효과를 가져왔지만, 동시에 실수요자의 내 집 마련 기회까지 박탈했다는 비판에 직면하며 주택 시장의 기류를 완전히 바꿔놓았다.

2030년까지 135만 가구 착공 '9·7 대책'

정부는 강력한 수요 억제책에 이어 9월 시장의 불안을 잠재울 대규모 공급 대책을 내놓았다. '9·7 주택공급 확대 방안'은 수도권 주택 공급에 대한 구체적이고 현실적인 청사진을 제시했다. 2030년까지 총 135만 가구 착공을 목표로 잡았다. 이는 실제 공급까지 시차가 큰 '인허가' 기준에서 벗어나 시장이 체감할 수 있는 공급을 보여주겠다는 정부의 의지 표명이었다.

착공 계획과 함께 정부는 수도권 주요 택지 후보지를 공개하며 시장의 공급 부족 우려를 정면 돌파했다. 과거 보금자리주택지구였다가 해제된 광명·시흥 지구가 서남권 거점 신도시로 재지정됐다. 성남 판교의 2배 규모(1270만㎡·6.6만 가구)로, 자족 기능을 갖춘 첨단산업 융복합 도시로

9·7 주택공급 확대 방안 주요 내용

공급	대출	단속
2030년까지 서울·수도권 135만 가구 착공	규제 지역 LTV 50% → 40%로 강화	부동산 시장 조사 기구 신설
수도권 3만 가구 신규 공공택지 발표 검토	주택매매·임대 사업자 대출 LTV 금지	30억원 이상 거래 전수 검증
1기 신도시 주민제안방식 전면 도입	1주택자 전세대출 한도 2억원 제한	토지거래허가구역 국토부 장관이 직접 지정

자료: 국토교통부

2025년 아파트 매매가격지수

구분	전국	수도권	서울
1월	123.9	146.4	170.9
2월	124.2	147.2	172.8
3월	124.8	148.4	175.4
4월	124.6	148.4	175.6
5월	124.9	149.3	177.7
6월	126.3	151.7	182.1
7월	126.4	152.0	183.8

자료 한국부동산원, **단위** 포인트

육성될 계획이다. 하남 감북지구와 김포공항 인근 유휴 부지도 신규 택지지구로 포함됐다.

모두 서울 접근성이 뛰어나 실수요자의 선호가 높을 것으로 예상되는 지역이었다. 정부는 고질적인 교통 문제를 해결하기 위한 광역교통개선대책도 함께 발표했다. 수도권광역급행철도(GTX) 노선을 신설 및 연장하고, S-BRT와 같은 신개념 대중교통 시스템을 도입하기로 했다.

전문가들의 평가는 기대와 우려로 엇갈렸다. 한 부동산 전문가는 "정부의 강력한 공급 의지를 보여준 것만으로도 패닉 바잉(공황 매수) 심리를 잠재우는 데 효과적일 것"이라고 평가했다. 반면 단기 집중 공급의 부작용과 실현 가능성을 우려하는 목소리도 있다. 또 다른 부동산업계 관계자는 "수도권 2기 신도시 중 일부는 여전히 미분양과 교통 인프라 부족 문제를 겪고 있다"며 정책이 계획대로 실현될 가능성이 작다고 지적했다.

부동산 보유세 강화 기조와 '국토보유세'

이재명 정부는 '6·27 대책'과 '9·7 대책', '10·15 주택시장 안정화 대책'을 선보여 이전 정부의 부동산 규제 완화 기조와 다른 행보를 보였다. 시장 안정화와 자산 불평등 해소를 위한 강력한 정책 드라이브를 제시했다. 특히 서울 전역을 포함한 수도권 핵심 지역을 다시 조정대상지역과 투기과열지구로 지정하는 '10·15 대책'은 이재명 정부의 부동산 시장 억제라는 정책 기조를 확실하게 보여줬다.

시장에서는 이재명 정부의 남은 부동산 카드를 '보유세 강화'로 보고 있다. 부동산 보유 부담은 강화하고 거래 부담은 완화하겠다는 것이다. 특히 부동산 보유세가 자산 가치에 비해 지나치게 낮아 '부동산 불로소득'과 투기 수요를 유발한다는 인식이 정부 내부에서 강하다. 이에 따라 다주택자와 고가 부동산 소유자에 대한 종합부동산세(종부세) 강화를 시작으로 해 장기적으로는 보유세 전반을 개편해 조세 정의를 실현하는 방안이 거론된다.

이번 정부의 부동산 정책 완성은 대선 핵심 공약이었던 '국토보유세'로 귀결된다. 기존의 종부세처럼 고가 주택 소유자에게만 부과하는 것이 아니라 토지를 소유한 모든 사람에게 세금을 부과하는 개념이다. 토지는 공공재적 성격이 강하며, 토지 가치 상승분은 사회가 공유해야 한다는 '토지 공개념'에 기반한다.

다만, 국토보유세 신설 이전 보유세 강화 정책부터 강한 비판에 부딪힐 것이란 전망도 나온다. 정부는 단기적으로 현행 종부세의 실효성을 높이는 데 주력할 가능성이 크다. 2025년 세제 개편안에서 종부세 공정시장가액 비율을 기존 60%에서 80% 이상으로 상향 조정할 수 있는 여지를 남겨둔 게 대표적이다. 법률 개정 없이 시행령만으로도 보유세 부담을 즉각적으로 높일 수 있는 카드다. 시장 과열 조짐이 보일 경우 언제든 사용할 수 있다는 게 특징이다.

Section 1 | Policy

Point
- 토지거래허가구역 강화, 의왕·하남 아파트 거래도 '허가' 필요
- 규제 지역 '3종 세트'로 갭투자 원천 차단
- 양도세·취득세, 종전보다 높은 비율 적용

이재명 정부가 '주택시장 안정화 대책'을 발표한 2025년 10월 15일 서울 송파구 롯데월드타워 전망대 서울스카이에서 바라본 시내 아파트 단지 모습.

대출 조이고 세제도 강화, '10·15 대책' 완벽 분석

정부가 '9·7 주택공급 확대 방안'을 내놓은 지 한 달여 만에 '10·15 주택시장 안정화 대책'이라는 초강수를 뒀다. '6·27 가계부채 관리 강화 방안' 발표 후 상승세가 누그러졌던 서울 아파트값이 금세 급등세를 회복한 영향이다. 2025년 상반기에만 약 3.5% 올랐던 서울 집값은 6·27 대책 이후 3개월 동안 2.0%가량 더 치솟았다.

10·15 대책이 발표되면서 2023년 1월 이후 2년 9개월 만에 규제 지역이 전면 부활했다. 정부는 서울 강남 3구(강남·서초·송파구)와 용산구에 지정돼 있던 조정대상지역과 투기과열지구를 나머지 21개 구와 경기 과천, 광명, 성남(분당·수정·중원구), 수원(영통·장안·팔달구), 안양 동안구, 용인 수지구, 의왕, 하남 등 12곳으로 확대했다. 주택 가격 상승률이 높아 대책 발표 전부터 규제 지역에 포함될 것이란 전망이 나오던 곳들이다. 주택담보대출의 문턱을 더 높이고, 전세대출 규제도 강화했다. 집값 상승의 원인으로 지목된 '갭투자(전세 끼고 매매)'를 원천 차단하기 위한 조치로 풀이된다.

신용·사업자 대출 '우회로' 막혔다

규제 지역 지정에 따른 효력은 대책 발표 하루 뒤인 10월 16일부터 발효됐다. 가장 큰 변화는 대출이다. 무주택자가 주택을 구입할 목적으로 주택담보대출을 받을 경우 담보인정비율(LTV) 40%를 적용받게 됐다. 집값의 최대 40%까지만 돈을 빌려준다는 의미다. 비규제 지역일 때는 집값의 70%까지 대출받을 수 있었다. 유주택자(LTV 0%)는 대출이 불가하다. 기존에 보유한 주택을 6개월 이내 처분할 경우 1주택자에 한해 LTV 40%가

10·15 대책 해부

적용된다.

전세대출을 받은 사람이 규제 지역 내 3억원 초과 아파트(분양·입주권 포함)를 취득할 경우 전세 대출금을 회수한다. 취득한 아파트에 세입자가 사는 경우 임대차계약 잔여기간까지 회수를 유예할 수 있다. 반대로 규제 지역 내 3억원 초과 아파트를 보유한 경우 전세대출을 받을 수 없다. 직장 이동, 자녀 교육 등 사유로 가구원 중 일부가 다른 기초 지자체(시·군)로 이동할 때는 전세 자금을 빌릴 수 있다.

청약 가점제 비율 늘어
당첨 땐 3년간 전매 제한

세제도 강화됐다. 양도세 1가구1주택 비과세 요건이 기존 '보유 2년'에서 '보유 2년 및 거주 2년'으로 높아졌다. 조정대상지역으로 묶이면서 1~3% 수준이었던 2주택자 취득세율은 8%로 상향됐다. 3주택자는 12%까지 인상된다. 장기보유 특별공제를 받을 수 없게 되며, 다주택자는 양도소득세가 중과된다. 기본 세율(6~45%)에서 2주택자는 20%P, 2주택 이상은 30%P가 추가된다. 이 같은 조치는 2026년 5월까지 한시 유예 중이다.

규제 지역은 국민·민영주택의 1순위 자격요건이 강화된다. 청약통장을 2년 이상 보유한 가구주면서 구성원 중 5년 이내 당첨자가 없어야 한다. 민영주택 청약은 가점제 비율이 높아진다. 전용면적 60~85㎡의 경우 분양 물량의 70%를 가점제로 공급해야 한다. 비규제 지역일 때는 이 비율이 40% 이하였다. 100% 추첨제로 공급했던 전용 85㎡ 초과 물량은 가점제 비율이 80%(조정대상지역 50%)까지 높아진다. 투기과열지구 내 분양 주택은 2년 이상 지역 거주자에게 우선 공급된다. 재당첨 제한 10년(조정대상지역 7년)을 적용받는다. 당첨일로부터 3년(지방 1년) 동안 분양권을 전매할 수 없다.

규제 지역 내 재건축 조합원은 정비사업 후 주택 1가구만 분양받을 수 있다. 단, 대형 면적대를 가진 조합원이 소형 면적대 2가구를 분양받는 '1+1 분양'은 가능하다. 조합설립 인가 이후 조합원 지위를 양도할 수 없다. 매

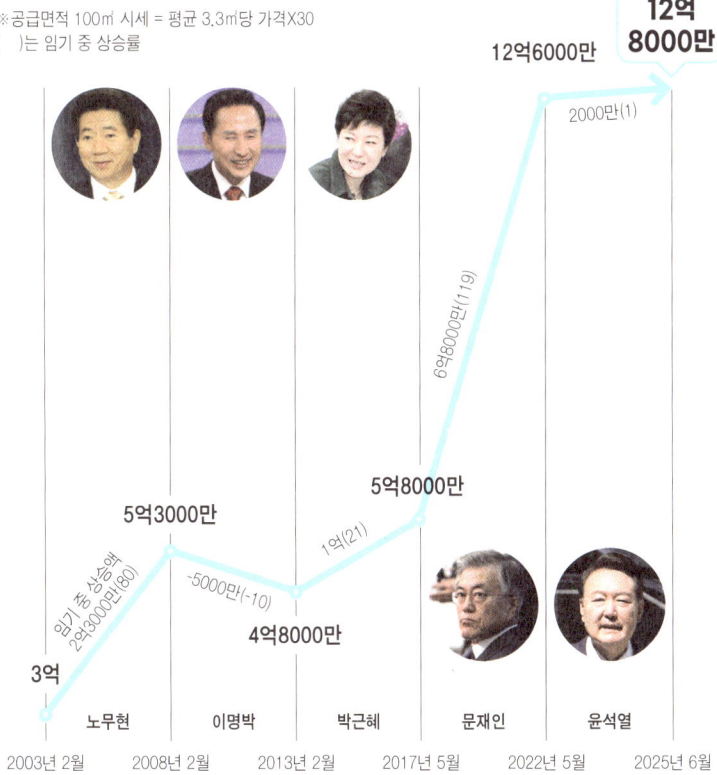

정권별 서울 아파트 시세 변화

※공급면적 100㎡ 시세 = 평균 3.3㎡당 가격X30
( )는 임기 중 상승률

3억 (노무현, 2003년 2월) → 5억3000만 (이명박, 2008년 2월, 임기 중 상승액 2억3000만(80)) → 4억8000만 (박근혜, 2013년 2월, -5000만(-10)) → 5억8000만 (문재인, 2017년 5월, 1억(21)) → 12억6000만 (윤석열, 2022년 5월, 6억8000만(119)) → 12억8000만 (2025년 6월, 2000만(1))

자료 경제정의실천시민연합, 단위 원, %
*서울 25개 구 1000가구 내외의 대단지 아파트 3개 단지씩 전체 75개 단지(14만5057가구) 공급면적 100㎡ 아파트 가격으로 산출

Section 1 | Policy

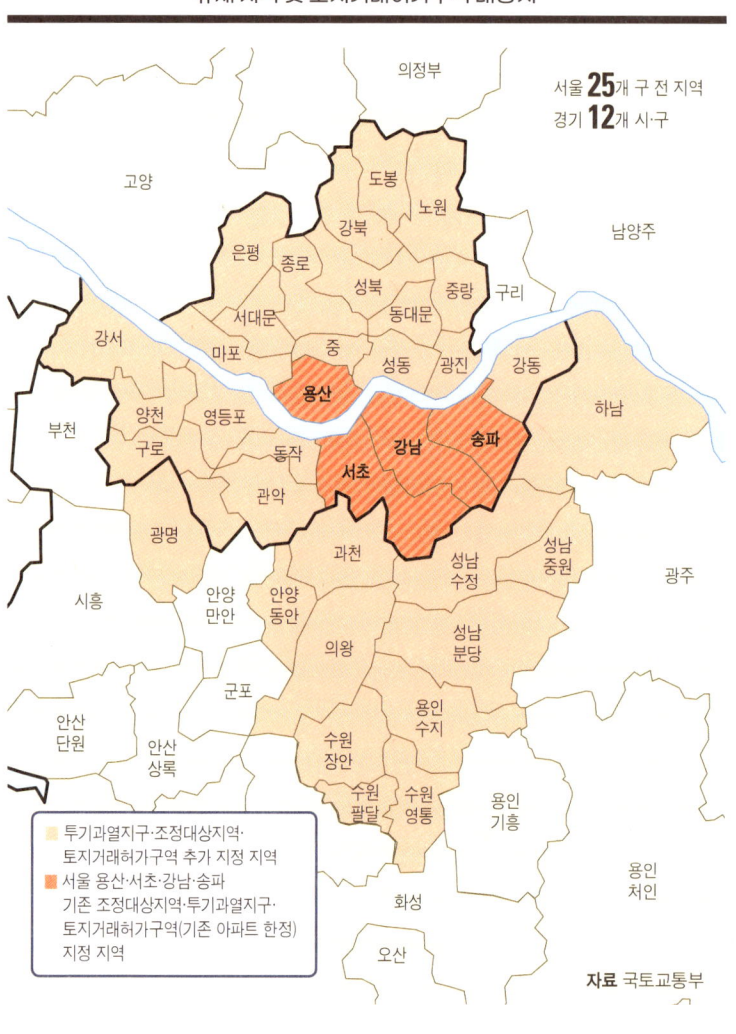

매는 가능하지만, 매수자는 현금 청산 대상자가 된다. 재개발의 경우 관리처분 인가 이후 조합원 지위 양도 제한이 적용된다. 다른 정비사업 매물을 보유했다면 5년 동안 재당첨이 제한된다. 업계에서 정비사업이 지연될 것이라는 우려가 나오는 이유다.

'토허제' 전면 확대
2년 실거주 의무 생겨

조정대상지역·투기과열지구로 묶인 서울 전역 및 경기 12개 지역은 토지거래허가구역으로 지정되기도 했다. 허가 구역에 있는 아파트 및 동일 단지 내 아파트가 1개 동 이상 포함된 연립·다세대 주택이 대상이다. 서울시가 2025년 3월 강남 3구와 용산구로 확대 재지정했던 토지거래허가구역은 아파트만 해당했다. 공고일로부터 5일 후 효력이 발생해 2025년 10월 20일부터 2026년 12월 31일까지 시행된다. 신속통합기획 대상지·공공택지 개발지구 등 서울시장, 경기도지사 또는 국토교통부 장관이 기존에 지정한 구역과 별도로 적용됐다.

토지거래허가구역 내에서 아파트를 거래하려면 매수인과 매도인 모두 관할 시장 또는 구청장의 허가를 받아야 한다. 허가 없이 거래할 경우 2년 이하의 징역 또는 2000만원 이하 벌금형이 부과된다. 계약서를 작성한 뒤 관할 구청에 토지이용계획서, 자금

10·15 대책 해부

조달계획서 등 서류를 제출한다. 심사가 끝나고 허가증이 나오면 매매계약을 체결할 수 있다. 이후 3개월 내 잔금을 치른 뒤, 허가일로부터 4개월 이내 입주해야 한다.

토지거래허가구역 내 아파트를 구매한 경우 취득일로부터 '2년간 실거주 의무'가 부여된다. 내·외국인 모두 적용 대상이다. 실거주 의무 위반 땐 이행강제금(취득가액의 최대 10%)이 부과되며 허가가 취소될 가능성도 있다. 재건축 단지는 관리처분계획 인가 이후 주택 멸실 전까지 거주한 기간도 실거주 기간에 포함된다. 철거 전까지 1년간 거주했다면 준공 후 1년만 더 거주하면 된다. 유주택자가 토지거래허가구역 내 아파트를 매수하기 위해서는 기존 주택을 6개월 내 처분 또는 임대해야 한다.

연 9900만원 벌어야 최대 6억원 대출 가능

규제 지역과 별개로 부동산 금융 규제도 강화됐다. 수도권 및 규제 지역 내에서 주택 구입 목적으로 주택담보대출을 받을 경우 주택 가격(시가)에 따라 최대한도가 차등 적용된다. 15억원 이하 주택은 현행 최대한도인 6억원까지 대출을 받을 수 있다. 15억원 초과~25억원 이하는 4억원, 25억원 초과일 경우 2억원까지 자금을 빌릴 수 있다. 이주비 대출은 주택 가격과 관계없이 최대 6억원까지 가능하다. 총부채원리금상환비율(DSR) 스트레스 금리는 1.5%에서 3.0%로 상향 조정됐다. 스트레스 금리는 차주의 DSR을 산정할 때 향후 기준금리 상승 위험을 반영하는 제도다. 금리가 올라 이자 부담이 커지는 것을 예방하기 위한 조치다. 높은 스트레스 금리가 적용되면 빌릴 수 있는 금액이 적어진다. 수도권 및 규제 지역에서 5년 주기형 주택담보대출을 4% 금리의 30년 균등 상환으로 받을 경우, 연봉 5000

> 66
> 새 정책은 세제와
> 대출 규제를 통해
> 갭투자를
> 원천 차단한다.
> 99

만원 직장인의 대출 한도는 3억2500만원에서 3억300만원으로 줄어든다. DSR 최대한도인 6억원까지 빌리려면 연봉이 9900만원 이상이어야 한다. 그동안 DSR 적용 대상에서 제외되어 왔던 전세대출도 1주택(유주택자)에 한해 반영한다. 토지거래허가구역의 실거주 의무와 함께 갭투자를 원천 차단하기 위해서다. 소유 주택의 지역과 무관하게 적용된다. 유주택자가 수도권·규제 지역에서 임차인으로 전세대출을 받을 경우 이자 상환분이 DSR에 반영된다. 전셋집에서 살면서 갭투자로 주택을 추가 매수하는 것을 방지하기 위한 대책으로 풀이된다. 정부는 무주택자·지방 등 단계적으로 확대하는 방안을 검토하고 있다고 밝혔다.

대출 공급을 제한하기 위한 조치도 이뤄졌다. 은행권 주택담보대출 위험

부동산 금융 규제 강화

구분	내용
주담대 최대한도	6억원 → 15억원 이하: 6억원
	15억원 초과~25억원 이하: 4억원
	25억원 초과: 2억원
스트레스 금리	1.5~3.0% → 수도권·규제 지역 주택담보대출 3.0%~ 지방 주택담보대출·기타 대출 1.5~3.0%
전세대출 관리	전세대출 이자 상환분을 DSR에 반영*

*1주택자가 수도권·규제 지역에서 임차인으로 전세대출을 받는 경우
자료: 국토교통부

Section 1 | Policy

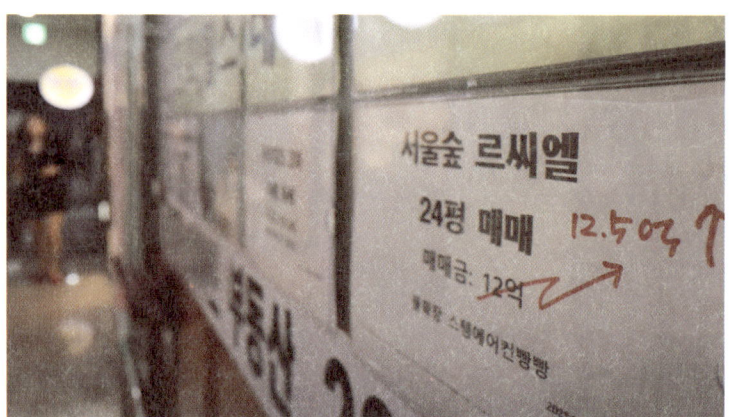

서울 성동구 중개업소에 나온 매물. 최근 서울 주요 지역 아파트값은 상승 추세를 보여왔다.

가중치 하한을 20%(기존 15%)로 상향하는 시기를 2026년 1월로 앞당겼다. 2025년 9월 '생산적 금융을 위한 은행·보험 자본규제 합리화 방안'에서 발표된 내용으로, 당시에는 2026년 4월 시행 예정이었다. 주택담보대출 위험가중치 하한은 은행권 신용 리스크 평가 때 적용하는 항목이다. 대출 수요를 조이는 한편, 유동성 공급도 확실히 틀어막겠다는 포석이다.

허위 신고가 통한 '가격 띄우기' 엄정 대응

정부는 부동산 거래 질서를 바로 세우기 위해 불법행위에 대한 범부처 대응을 펼친다. 국토부·국세청 간 정보 공유 업무협약(MOU)을 체결해 공조 체계를 구축했다. 국토부는 '가격 띄우기' 등 시장 교란 행위를 대상으로 기획 조사에 나선다. 가격 띄우기는

> 무주택자, 생애 최초 구매자는 LTV, 정책성 대출 등을 꼼꼼히 살펴봐야 한다.

허위로 신고가 거래를 체결한 뒤 해제하는 방식으로 실거래가를 부풀리는 행위를 말한다.

국토부의 기획조사 결과에 따르면 2025년 1~8월 서울 부동산 계약 해제 건수는 4856건에 달한다. 이 중 신고가 거래 후 해제, 2회 이상 해제, 특수관계인 간 거래 등 123건을 추출했다. 이들 거래를 대상으로 소명자료를 제출받아 조사한 결과, 가격 띄우기가 의심되는 거래 8건을 발견했다. 국토부 내 부동산 특별사법경찰을 도입해 부동산거래신고법, 공인중개사법, 주택법 위반 행위를 수사한다.

국세청은 서울 한강 벨트 지역 고가 주택(30억원 이상)을 대상으로 전수 검증에 나선다. 고가 주택을 취득한 외국인·연소자의 자금 출처도 강화된 기준으로 분석한다는 방침이다. 신고가 거래 취소, 허위 매물 등 시세 조작 중개업소에 대한 집중 검증도 진행한다. 국토부로부터 자금조달계획서 및 관련 증빙 자료를 실시간 공유받아 과세 정보로 활용한다. 금융위원회는 사업자 대출의 용도 외 유용 실태에 대한 전수조사를 펼친다.

국무총리실 소속의 부동산 불법행위 감독기구를 설치한다. 국토부, 금융위, 국세청 등 법률에 따라 소관 부처가 나누어져 있는 한계를 극복하기 위함이다. 불법행위의 분야·지역·성격에 관계없이 신속하게 대응할 수 있도록 별도의 감독기구 내 수사 조직도 운영한다. 설립 전까지 부동산 감독 추진단을 운영해 불법행위에 엄정 대응한다는 방침이다.

'9·7 대책' 신속 추진 위한 후속 조치 속도

9·7 대책의 후속 조치도 함께 발표됐다. 민간 정비사업 절차·사업성 개선을 위한 도시정비법, 노후계획도시법 등 후속 법률 제·개정안 20여 건을 2025년 내 통과하는 데 주력할 것을

10·15 대책 해부

약속했다. 기본계획 및 정비구역 지정 절차 동시 진행 허용, 도시분쟁조정위원회의 조정 대상에 공사비 분쟁 포함 등의 내용이다.

도심 공급 방안의 세부 추진 계획도 밝혔다. 9·7 대책이 '속 빈 강정'이라는 비판이 이어진 데 따른 조치로 풀이된다. 노후 청사·국공유지 등 복합개발 세부 계획 및 주요 후보지와 한국토지주택공사(LH) 직접 시행 방향 등을 2025년 12월 발표할 것을 명시했다. 서울 성대 야구장(도봉구) 및 위례 업무용지(위례신도시)는 공공기관 예비타당성조사 면제를 통해 부지 매입 절차를 진행한다. 서초구 한국교육개발원 부지에 대한 공공주택 지구 지정 절차에 착수한다.

수도권 공공택지 분양 일정도 공식화했다. 2026년에 2만7000가구를 분양한다. 일부 계획은 2025년 12월에 발표한다. 서울 서초구 서리풀 지구(2만 가구)와 경기 과천 과천지구(1만 가구)의 주민 보상 및 부지 조성도 앞당길 계획이다. 보상 조기화 법률 개정을 통해 3개월 이상 조기 착수한다는 방침이다. 서리풀 지구에 대한 지구 지정 계획도 2026년 6월에서 2026년 3월로 3개월 단축한다.

민간 공급 활성화를 위한 추진 현황도 언급됐다. 정비사업 보증 및 프로젝트 파이낸싱(PF) 보증 확대를 위한 지침 개정이 완료됐다. 수도권 미분양 아파트 매입 확약 대금 지급 개시 시점은 준공 후 6개월에서 준공 전 6개월로 앞당겼다. 학교 용지 기부채납 기준 및 환경영향평가 실외 소음 기준(공공주택특별법) 개선에도 속도를 내기로 했다.

재건축 사업 지연 땐
조합원 지위 양도 가능

대책 발표 후 시장에서는 서민·실수요자의 '주거 사다리'를 끊을 것이라는 지적이 제기됐다. LTV 규제 강화로 충분한 현금이 있어야만 집을 살 수 있는 구조가 됐기 때문이다. 금융당국은 곧바로 세부 적용 기준을 추가 공개했다. 부부 합산 연 소득이 9000만원 이하인 무주택 가구주가 8억원 이하의 주택을 구매하는 경우 LTV를 60%까지 늘려준다. 생애 최초 구매자의 금융권 대출과 디딤돌·보금자리론 등 정책성 대출도 LTV 40% 제한받지 않는다.

'10·15 대책'을 통해 지정된 토지거래허가구역 내 비주택담보대출은 LTV 40%를 적용받지 않는다. 정부 발표 자료에는 오피스텔, 상가 등 비주택도 강화된 LTV 기준을 따른다고 명시돼 있었다. 혼선이 빚어지자 정부가 뒤늦게 해명에 나선 것이다. 다만, 기존에 지정된 토지거래허가구역 중 비주택을 포함한 지역은 LTV 40% 적용 대상이다.

투기과열지구 내 재건축 중 조합설립인가~소유권이전 등기(이전고시) 사이 단계에 있는 단지의 조합원은 지위 양도가 불가하다. 재건축 예정 주택을 매입하더라도 입주권을 받을 수 없다는 얘기다. 다만, 1가구1주택자가 10년 소유 및 5년 거주한 경우만 특수한 상황이 인정되면 양도할 수 있다. 질병, 직장 이전 등 불가피한 사유로 가구원 전원이 이주하는 경우, 상속으로 취득한 가구에 구성원 전원이 이주하는 경우 등에 해당한다. 사업 단계별로 3년 넘게 지연되는 경우도 조합원 지위를 넘길 수 있다.

투기과열지구 내 주택 구입 목적 주택담보대출 상세 내용

구분	내용
일반 차주	LTV 40%, DSR 40%
생애 최초	LTV 70%, DSR 60%(아파트 한정)
서민·실수요자*	LTV 60%, DSR 60%(아파트 한정)

*는 부부 합산 연 소득 9000만원 이하, 주택 가격 8억원 이하, 무주택 가구주 요건을 모두 충족
자료 국토교통부

Section 1 | Policy

김제경 투미부동산컨설팅 소장이 재건축·재개발 시장을 전망하고 있다.

"강북 아파트 30억원 시대도 가능"
김제경 투미부동산컨설팅 소장의 재개발·재건축 투자 포인트

이재명 정부가 '6·27 가계부채 관리 강화 방안'과 '9·7 주택공급 확대 방안'을 잇따라 내놓았지만 서울 부동산 시장은 요동치고 있다. 국토교통부 장관이 토지거래허가구역을 직접 지정할 수 있도록 하는 법 개정 추진에 따라 외지인의 '패닉 바잉(공황 구매)'이 확산했다. 2026년부터 서울 신규 아파트 입주 물량이 반토막 나는 '공급 절벽'이 예고돼 집값 상승 압력도 커지고 있다. 정비사업은 공사비 급등과 분담금 부담으로 옥석 가리기가 중요해졌다. 대지 지분·사업성·분담금 납부 능력에 따라 단지별 희비가 엇갈린다. 김제경 투미부동산컨설팅 소장에게 새 정부의 부동산 시장 분위기와 정책 방향 등 앞으로의 투자 전략을 들어봤다.

9·7 대책, 서울에 외지인 투자 수요 촉발했다

정부의 9·7 대책 발표 뒤 부동산 시장에서 패닉 바잉으로 집값이 폭등하고 있다. 정부가 부동산 투기 억제를 위해 정하는 토지거래허가구역이 서울과 수도권 일부로 확대된다는 소문이 이미 퍼졌기 때문이다. 9·7 대책에는 관련 법을 개정해 토지거래허가구역

재개발·재건축 정책

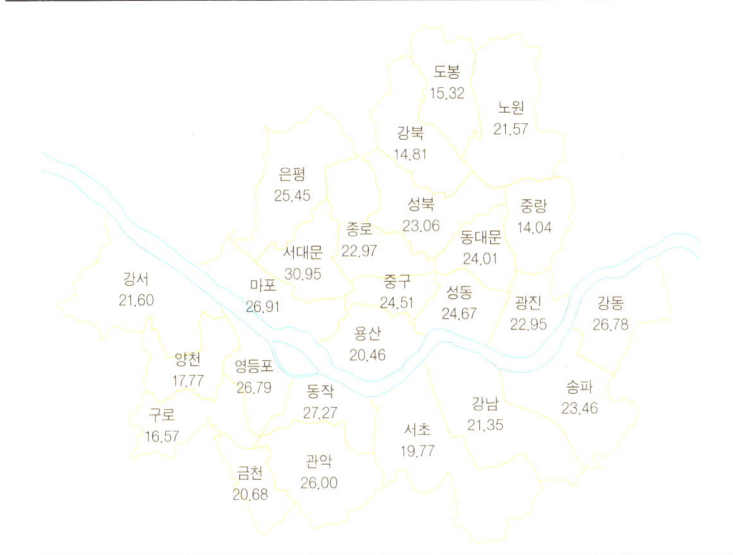

서울 아파트 외지인 투자 비율

- 도봉 15.32
- 노원 21.57
- 강북 14.81
- 은평 25.45
- 성북 23.06
- 중랑 14.04
- 종로 22.97
- 동대문 24.01
- 서대문 30.95
- 강서 21.60
- 마포 26.91
- 중구 24.51
- 성동 24.67
- 광진 22.95
- 강동 26.78
- 용산 20.46
- 양천 17.77
- 영등포 26.79
- 동작 27.27
- 서초 19.77
- 강남 21.35
- 송파 23.46
- 구로 16.57
- 금천 20.68
- 관악 26.00

자료 한국부동산원(2025년 1~7월), 단위 %

지정권자를 국토교통부 장관으로 확대하는 내용이 담겼다. 정부가 '서울 시장 패싱'을 해서라도 즉시 토지거래허가구역을 정할 수 있다는 것이다. 정부의 '10·15 주택시장 안정화 대책' 발표로 부동산 투기 억제를 위해 정하는 투기과열지구·조정대상지역과 토지거래허가구역이 서울 전역(25개 자치구)과 경기 지역 12곳(과천, 광명, 수원 영통·장안·팔달구, 성남 분당·수정·중원구, 안양 동안구, 용인 수지구, 의왕, 하남) 총 37곳으로 정해졌다. 대상은 아파트 및 같은 단지 안에 아파트가 1개 동 이상 포함된 연립·다세대 주택이다. 조정대상지역 및 투기과열지구는 2025년 10월 16일부터, 토지거래허가구역 지정은 10월 20일부터 적용 중이다.

어떤 지역이 토지거래허가구역으로 묶이면 '갭투자(전세 끼고 매매)'가 막힌다. 무엇보다도 실거주 요건이 생긴다. 외지인은 삶의 터전이 지방에 있다. 현금을 갖고 있어도 어떻게 서울로 들어오냐는 생각을 하게 된다. 하루빨리 서울 아파트를 사들이려는 '외지인 수요'가 급증하는 이유다. 한국부동산원에 따르면 2025년 1~7월 서울 자치구 중 외지인이 아파트를 사들인 상위 10곳은 마포·성동·강동·영등포·동작구 등 한강 벨트는 물론 전통적으로 인기가 높은 서대문·은평·관악·동대문구 등도 포함됐다. 이들은 노원·금천구 등 소위 '외곽지'에서도 주택 매수에 나서고 있다.

엎친 데 덮친 격, 2026년부터 서울 아파트 '공급 절벽'

주택 '공급 절벽'도 문제다. 2024년과 2025년 서울에서는 매년 4만여 가구가 입주했다. 그런데 2026년에는 반토막도 안 되는 1만5000가구가량이 준공될 것으로 추산된다. 재개발·재건축 등 정비사업 때 철거돼 사라지는 '멸실 물량'을 고려하면 실제 입주

2025년 9월 중 서울 아파트값은 소폭 상승세를 보이고 있다.

Section 1 | **Policy**

2024~2026년 지역별 아파트 입주 물량

	2024년	2025년	2026년		2024년	2025년	2026년
전국	39만3469	26만5404	17만6032	강원도	1만1748	8878	7855
서울특별시	4만1989	3만9227	1만3011	경상남도	2만4313	1만9738	5581
경기도	11만5697	6만8673	5만5985	경상북도	2만4547	1만913	3986
부산광역시	1만7213	1만2785	1만2919	전라남도	1만3299	8528	3615
대구광역시	3만2372	1만2449	9827	전라북도	9673	1만368	6159
인천광역시	3만4949	2만4017	1만5070	충청남도	1만7902	1만3242	1만344
광주광역시	9863	5155	1만1692	충청북도	1만7191	1만3736	8366
대전광역시	1만3141	1만1047	6388	제주도	1261	1174	292
울산광역시	4087	4072	4641	세종특별시	4224	1402	301

자료 김제경 투미부동산컨설팅 소장, **단위** 가구

→ 전국적으로 공급량 감소

량은 더 줄어들 수 있다. 이미 2026년 입주 물량은 다 나왔다고 봐야 한다. 인기 주거지에서 2025년 사실상 마지막으로 나온 단지가 서초구 반포동 반포주공1단지 3주구를 재건축하는 '래미안 트리니원'이었다. 분양가가 3.3㎡당 8484만원으로 확정됐다. 분양가 상한제 적용 단지 중 역대 최고 금액이다. '국민 평형'인 전용 84㎡ 일반 분양가가 28억원 가까이 예상된다. 반포 집값이 60억~70억원인 걸 고려하면 최소 30억원은 이익을 보는 셈이다.

여기에 입주 단지 중 1000가구 넘는 대단지는 손꼽을 정도로 적다. 빅데이터 기반 아파트 정보 플랫폼 부동산지인에 따르면 2026년 1~12월 입주 단지 중 서초구 방배동 방배5구역 재건축 단지 '디에이치 방배(3064가구)', 은평구 대조동 대조1구역 재개발 단지 '힐스테이트 메디알레(2541가구)', 최근 큰 인기를 끈 송파구 신천동 '잠실 르엘(1865가구)' 정도다. 다음이 동대문구 청량리동 청량리7구역 재개발 단지인 '청량리 롯데캐슬 하이루체(761가구)'다. 나머지는 500가구 미만이다. 이제는 청약 경쟁률이 엄청나 마냥 당첨을 기대하기도 힘들다. 청약홈에 따르면 '잠실 르엘' 최저 당첨 가점(전용 51㎡)은 5인 가족이 받을 수 있는 최고 점수 수준인 70점이다. 4인 가족 만점 청약통장(64점)조차 탈락했다.

이재명 정부 재개발·재건축 시장 투자 전략은?

재개발·재건축 투자 때 옥석을 가려야 한다. 가장 중요한 건 분담금 납부 능력이다. 분담금 영향으로 신축과 구축의 가격 격차가 더욱 커질 예정이다. 강남에서 새 아파트 가격대는 60억~70억원, 개포동과 대치동 등은 40억원이 넘는다고 보면 된다. 그런데 강남구 내에서도 나홀로 아파트나 연식이 오래된 물건은 10억~20억원대로 매수할 수 있다. 강남뿐 아니라 마포·성동·강동구도 신축과 구축의 격차가 벌어지고 있다. 예컨대 성동구 옥수동에서는 27억원 거래까지 확인됐다. 똑같은 입지의 기존 노후 아파트는 여전히 13억~15억원 정도가 많다. 가격 차가 10억원이 넘는다는 얘기다. 급등하는 분담금이 격차를 더욱 키운다. 3~4년 전만 해도 시공사를 선정할 때 3.3㎡당 공사비는 500만

재개발·재건축 정책

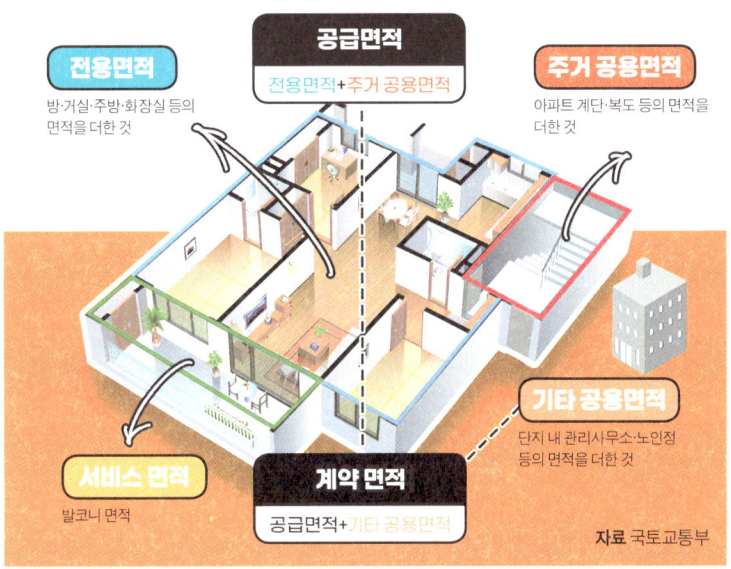

아파트 3.3㎡당 공사비

109㎡(33평) 아파트	
3.3㎡(1평)당 가격	공사비
600만	3억
800만	4억
1000만	5억
1200만	6억

※계약 면적 165㎡(50평) 기준 **자료** 김제경 투미부동산컨설팅 소장, **단위** 원

터 면적 등을 포함한 개념이다. '전용 면적'은 현관문 열고 딱 내가 사용할 수 있는 실제 넓이를 말한다. 계약 면적은 아파트 분양 당시 실제로 계약할 때 기준이 되는 면적이다. 전용면적과 공용면적(주거 공용+기타 공용)을 합한 값이다. 주거 공용면적은 복도·계단·엘리베이터 등 공동주택 내부 공용 부분이고, 기타 공용면적은 도로·놀이터·조경 등이 포함된다. 계약 면적이 165㎡(50평)라면 공사비(3.3㎡당 1000만원일 경우)는 5억원이다. 예컨대 3.3㎡당 공사비가 200만원씩 늘 때마다 조합원이 내야 할 분담금은 1억원씩 늘어나는 셈이다. 강남권역에 있는 고급 단지는 계약 면적이 198㎡(60평)가 넘은 경우가 많다. 일반적인 서울의 새 아파트 전용 84㎡ 계약 면적은 주거 공용(25~35㎡)과 기타 공용(25~35㎡)을 포함해 130~150㎡ 정도 된다.

'사업성·입지·분담금 납부 능력' 중 하나라도 갖춰야

정비사업의 옥석을 가릴 때 '사업성·입지·분담금 납부 능력' 셋 중 하나라도 갖췄는지 살펴봐야 한다. 가장 먼저 사업성을 확인하려면 한 가구가 전체 대지면적 중 실제로 소유하는 토지의 지분을 뜻하는 '대지 지분'을 보면 된다. 이때 기억할 키워드는 '39㎡(12평)'다. 109㎡(33평) 주택형 신축

원이면 충분했고, 하이엔드 브랜드도 600만원이 채 안 되는 경우가 다수였다. 지금은 800만원도 부족해 사실상 900만원대를 평균으로 봐야 한다. 하이엔드나 초고층 아파트는 이미 1000만원을 넘기고 있다.

전용면적, 공급면적, 계약 면적의 면적 개념을 알아둘 필요가 있다. 3.3㎡당 공사비가 1000만원이면 109㎡(33평) 아파트를 지을 때 얼마일까. 3억 3000만원이 아니다. 우리가 109㎡라고 하는 건 '공급면적' 기준이다. 공급면적은 우리가 한 동을 유지할 때 필요한 면적으로, 복도·계단·엘리베이

Section 1 | Policy

재개발·재건축 사업은 공사비가 갈수록 높아지는 상황으로 용적률이 낮고 대지 지분이 많은 목동 지역 관심이 높다.

아파트를 건축할 때 평균 대지 지분이 39㎡이기 때문이다. 대지 지분이 39㎡보다 많으면 일반분양 가구 수가 많이 나온다는 의미다. 그만큼 일반분양을 많이 해서 최종 공사비를 나눠 분담 금액을 낮출 수 있다.

대지 지분 기준으로 인기 단지가 있다. 대표적으로 대지 지분이 엄청 높은 곳이 서울 양천구 목동신시가지다. 목동과 비슷한 1980년도에 조성된 노원구 상계주공·중계주공, 도봉구 창동주공 등은 대지 지분이 39㎡ 정도다. 이 중에는 39㎡가 안 되는 곳도 있다. 그러면 일반분양 가구 수가 잘 안 나온다. 조합원이 용적률 인센티브를 받아 간신히 109㎡로 지을 수 있다. 즉 '내돈내산(내 돈 내고 내가 산다)'을 해야 한다. 예전에는 분담금 2억~3억원이 많았지만, 이제는 5억~6억원이 보통이다. 7억~8억원도 종종

> 정비사업의 옥석을 가릴 때 '사업성·입지·분담금 납부 능력' 셋 중 하나라도 갖췄는지 살펴봐야 한다.

나오고, 10억원인 곳까지 등장하고 있다. 지금 추진되는 많은 재개발·재건축 조합은 대부분 10년, 20년 전부터 준비해온 곳들이다. 이제 새로 출발하면 분담금 7억~8억원은 기본으로 생각해야 한다.

사업성으로 대지 지분만 따진다면 반은 맞고 반은 틀리는 셈이다. 최근 경기 성남시 분당구 집값이 미친 듯이 올라가고 있다. 반면 고양시 일산 쪽은 상대적으로 조용한 이유가 있다. 분당에는 대지 지분이 66㎡(20평)~99㎡(30평) 사이인 곳이 많다. 물론 일산에도 대지 지분이 큰 단지가 적지

않다.

앞서 설명한 옥석 가리기 공식을 적용해 투자 여부를 판단해보자. 분담금을 없애고 싶다면 일반분양 금액이 공사비 총액과 똑같아야 한다. 소위 '공사비를 일반분양 금액으로 대신할 수 있어야 한다'는 얘기다. 일산과 분당의 대지 지분이 똑같고 일반분양 가구 수가 동일하다고 가정한다. 분당에 109㎡ 주택형 구축아파트가 지금 20억원을 돌파하는 추세다. 분당에서 109㎡ 주택형 신축 20억원이면 당연히 분양받으려고 할 것이다. 하지만 일산에서 109㎡ 주택형 신축 아파트는 10억원 정도의 가격대가 나와야 청약받으려고 한다. 여기서 일반분양 가구 수 곱하기 분양가를 해야 조합의 총수익이 나온다. 이때 똑같은 일반분양 가구 수가 나온다 해도 분당과 일산의 분양가 차이는 두 배다. 대지 지분이 같아도 일산의 분담금이 커질 가능성이 높다는 얘기다. 다른 지역에도 같은 논리를 적용할 수 있다.

용적률은 공짜가 아니다

한 가지 염두에 둘 것은, 용적률은 공짜가 아니라는 점이다. 국토교통부에서 노후 계획도시 특별법을 통해 공공 재개발·재건축 용적률 인센티브를 준다고 한다. 용도지역이라는 건 결국 주거지역·상업지역·공업지역·녹지지역, 1종·2종·3종 주거지역,

재개발·재건축 정책

준주거 이런 식으로 구성된다. 종을 상향하면서 인센티브를 받는 구조다. 우리가 배리어프리(BF·무장애 시설) 인증, 친환경 에너지 시설 등 정부에서 권장하는 각종 시설을 설치하면 '허용 용적률'을 준다. 문제는 상한 용적률이 항상 기부채납을 수반한다는 점이다. 즉 땅을 일부 내놓든가, 임대주택을 지어야 한다. 수치적으로는 용적률이 급격히 올라가는 듯 보이지만 실질 용적률, 즉 연면적은 이에 비해 천천히 증가한다.

사례를 한번 보자. 기존에 대지 지분이 100평(330㎡)이고 용적률이 200%면 연면적은 200평(661㎡) 정도다. 종 상향을 하면 용적률을 많이 받게 된다. 이때 최소 10%에서 20% 정도의 기부채납을 해야 한다. 그러면 기부채납하고 남은 땅 곱하기 용적률을 따져봐야 한다. 용적률이 300%로 높아졌다면, 20% 기부채납 뒤 실질적으로 남은 연면적은 240평(793㎡)밖에 안 된다. 겨우 40평을 얻으려고 땅 20%를 내주는 것이다. 임대주택을 내놓는 경우도 있다. 보통 조합에서는 임대주택 한 가구를 지을 때마다 마이너스 1억~2억원이라고 말한다. 임대

용도지역

구분			건폐율			용적률		
			법	영	조례	법	영	조례
주거지역	전용	제1종	70% 이하	50% 이하	50% 이하	500% 이하	50~100% 이하	100% 이하
		제2종		50% 이하	40% 이하		100~150% 이하	120% 이하
	일반	제1종		60% 이하	60% 이하		100~200% 이하	150% 이하
		제2종		60% 이하	60% 이하		150~250% 이하	200% 이하
		제3종		50% 이하	50% 이하		200~300% 이하	250% 이하
	준주거			70% 이하	60% 이하		200~500% 이하	400% 이하
상업지역	중심 상업		90% 이하	90% 이하	60% 이하	1500% 이하	400~1500% 이하	1000% 이하 / 800% 이하
	일반 상업			80% 이하			300~1300% 이하	800% 이하 / 600% 이하
	근린 상업			70% 이하			200~900% 이하	600% 이하 / 500% 이하
	유통 상업			80% 이하			200~1100% 이하	600% 이하 / 500% 이하
공업지역	전용공업		70% 이하	70% 이하	60% 이하	400% 이하	150~300% 이하	200% 이하
	일반공업						200~350% 이하	200% 이하
	준공업						200~400% 이하	400% 이하
녹지지역	보전녹지		20% 이하	20% 이하	20% 이하	100% 이하	50~80% 이하	50% 이하
	생산녹지						50~100% 이하	
	자연녹지						50~100% 이하	

자료 김제경 투미부동산컨설팅 소장, **건폐율** 법 제77조, 영 제84조, 조례 제54조, **용적률** 법 제78조, 영 제85조, 조례 제55조 ●사대문 안

Section 1 | Policy

용적률 체계

상한 용적률	허용 용적률+공공시설 등 제공 시
	공공시설 등 부지 또는 건축물 설치 제공 공동개발 특정 지정 지구단위계획 결정을 통해 추가로 부여 시
허용 용적률	기준 용적률+지구단위계획 인센티브 이행 시
	계획 유도(70% 이하) : 획지 계획, 공동개발, 건축물 용도, 대지 안의 공지, 주차 및 차량 동선 등 중점(30% 이상) : 계획 유도 항목 중 중점 계획 항목 해당 지구단위계획에서 정한 사항 이행 시, 제공 시
기준 용적률	용도지역 용적률 범위 내
	전면도로의 폭, 경관, 그 밖의 기반시설 등 입지적 여건을 고려해 용도지역 용적률 범위 이내에서 별도로 정하는 용적률

자료 김제경 투미부동산컨설팅 소장

기부채납에 따른 실질 용적률

산식 = 기준 또는 허용 용적률
×(1+1.3×가중치×α토지+0.7×가중치×α건축물·현금)

기부채납을 많이 할수록 용적률은 증가하나 대지면적은 감소 · 연면적은 소폭 증가

(예시1) 대지면적 : 100㎡→90㎡
용적률 : 400%→458%
연면적 : 400㎡→412㎡

(예시2) 대지면적 : 100㎡→80㎡
용적률 : 400%→530%
연면적 : 400㎡→424㎡

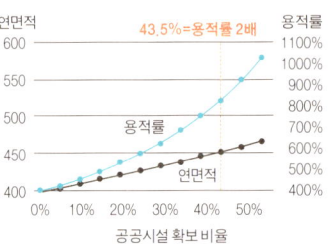

자료 김제경 투미부동산컨설팅 소장

> 공공 재개발·재건축 확대로 임대주택 비중이 늘면서 사업성 악화와 조합 갈등이 불가피해지고 있다.

는 함정이 있다는 점을 기억해야 한다. 공공사업으로 용적률을 250%에서 500%까지 올린다고 가정해볼 수 있다. 늘어난 가구 수의 절반은 임대주택, 절반은 일반분양으로 넣으면 서로 '윈윈'이라고 착각할 수 있다. 여기에는 두 가지 함정이 있다. 첫 번째는 앞서 설명한 것처럼 용적률이 공짜가 아니라는 점이다. 두 번째는 기부채납이 수반되면서 '내 땅'을 빼앗길 수 있다는 것이다. 늘어나는 용적률의 절반이 임대주택으로 배정될 때 원가 인정이 안 되기 때문에 특별히 사업성이 개선될 것으로 기대하기는 어렵다. 강남 권역에서 '소셜 믹스(아파트 단지 내 분양주택과 임대주택 혼합 배치)'를 하느니 돈을 내겠다는 말이 나오는 이유다.

9·7 대책에서 관리처분 인가 이전에 소셜 믹스를 하지 않으면 인가를 내지 않겠다는 내용을 발표했다. 임대주택을 받아들이지 않으려는 단지에서 난항이 예상되는 부분이다. 한강 주변의 '한강뷰 임대' 논란을 생각하면 이해하기가 쉽다. 임대주택을 추첨하라고 하니 민간 조합마다 갈등이 엄청나다. 하지만 LH(한국토지주택공사)와 함께하면 반발할 수 없게 된다. 2020년 '5·6 부동산 대책'에서 공공 재개발은 '도시 및 주거환경정비법'에 따라 LH와 공동 시행자로 가도록 했다. 2021년 '2·4 부동산 대책'에서

공공 재개발·재건축 시대 오나 함정 유의해야

이번 정부에서는 공공 재개발·재건축이 일반화할 수 있다. 공공사업에 주택 300가구라면 최소 300억원, 500가구면 최소 500억원의 손실을 떠안고 시작하는 셈이다.

재개발·재건축 정책

민간·공공 정비사업 비교

```
                    정비사업
           ┌───────────┴───────────┐
          민간                     공공
      ┌────┴────┐          ┌────────┴────────┐
   민간재개발  민간재건축   공동 시행자 방식   직접 시행자 방식
                          ┌────┴────┐      ┌────┴────┐
                       공공재개발 공공재건축 공공재개발 공공재건축
                       5·6       8·4       2·4       2·4
                       부동산대책 부동산대책 부동산대책 부동산대책
```

자료 김제경 투미부동산컨설팅 소장

위질수록 새 아파트의 희소성은 높아질 전망이다.

공공 재개발·재건축을 고려해보는 것도 방법이다. 최종적으로는 분담금 납부 능력의 싸움이다. 가용 자금 선에서 스스로 기준을 몇 가지 정해 최대한 사업성이 좋은 곳으로 가야 한다. 예컨대 서울에서 집을 사는 게 목표라면 노원구, 구로구 가리지 않고 가야 한다. 다만 분담금 비용 상승으로 신축과 구축의 격차는 계속 벌어진다는 점을 알아야 한다. 2026년 마포·성동구 30억원 시대, 더 나아가 가까운 미래 '강북 30억원 시대'가 열릴 가능성이 있다. 무엇이 '살아남는 부동산'인지 곰곰이 생각해볼 시기다.

는 조합이 해산되고 LH가 추진한다고 제시한다. 그런데 LH는 한마디로 '상관이 없는' 주체다. LH는 조합이 분담 금액을 줄이는 것도, 사업성을 개선하는 것도 관심 없다. 그렇게 된다고 직원이 인센티브나 고과를 잘 받게 되는 것도 아니다. 오히려 임대주택을 늘릴수록, 일반 분양가를 낮출수록 좋아할 것이다. 최근 공공 재개발 사업 중에서 속도가 빠른 곳은 경기 성남시 구도심 정비사업인 '수진1구역'이다. 사업성이 좋다고 했지만, 분양가 10억원에 분담 금액을 5억~6억원씩 내야 한다. 분담금이 높은 이유는 임대주택 가구 수 때문이다.

사업성 있는 곳은 저렴하지 않다. 옥석 가리기가 어렵다면 부동산 시장 분위기와 공급 절벽을 고려해 비싸지만 가치가 큰 '새 아파트'를 노리는 것도 하나의 전략이다. 정비사업이 어려

싸고 좋은 건 없다
'살아남는 부동산' 투자 고민할 때

결국 '싸고 좋은 건 없다'는 말을 새겨야 한다. 사업성 좋은 곳이 살아남는다. 다만 재개발·재건축 대상지에서

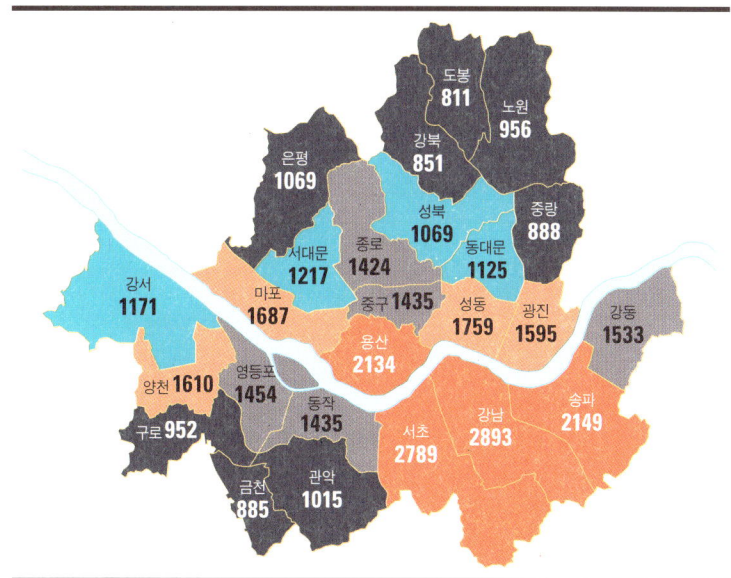

서울시 아파트 구별 ㎡당 가격

- 도봉 811
- 노원 956
- 은평 1069
- 강북 851
- 성북 1069
- 중랑 888
- 서대문 1217
- 종로 1424
- 동대문 1125
- 강서 1171
- 마포 1687
- 중구 1435
- 성동 1759
- 광진 1595
- 강동 1533
- 양천 1610
- 영등포 1454
- 용산 2134
- 구로 952
- 동작 1435
- 서초 2789
- 강남 2893
- 송파 2149
- 금천 885
- 관악 1015

※2024년 12월, 평당 아파트 평균 매매가 기준 자료 KB부동산, 단위 만원

Section 1 | Policy

시중의 한 은행 창구에서 대출 상담이 이뤄지고 있다.

임대수익률 & 전세가율, 시장 향방이 보인다

부동산 기초 용어

임대수익률 임대수익률은 부동산 매입을 위해 투자한 금액과 이를 타인에게 임대해 얻은 이익의 비율로, 수익형 부동산의 투자 적합성을 평가하는 데 사용

전세가율 주택 매매가격에 대비한 전셋값의 비율

공급 절벽 분양·착공·준공이 급감해 새 주택 공급이 크게 줄어드는 현상

부동산 시장은 통계적인 규칙보다 심리적 요인, 특히 '투자 심리'의 영향을 크게 받는다. 정부의 특례 대출 등 정책 자금이 최근 2년간 시장을 떠받쳤다. 하지만 주택도시기금이 고갈돼 지원 여력은 줄어드는 추세다. 실제 공급될 주택 물량은 민간에서 추정하는 것보다는 많을 수 있다. 하지만 전세가율(매매가 대비 전세가 비율)과 임대수익률 지표를 보면 부동산 시장이 과열됐다는 걸 알 수 있다. 정부가 보유세를 강화할 가능성도 작지 않다. 게다가 시장금리도 굉장히 불안정해 앞으로 대출 부담이 커질 수 있다. 당장은 집을 사지 않고 관망하며 기다리는 것도 나쁘지 않은 전략이다.

투자 전략

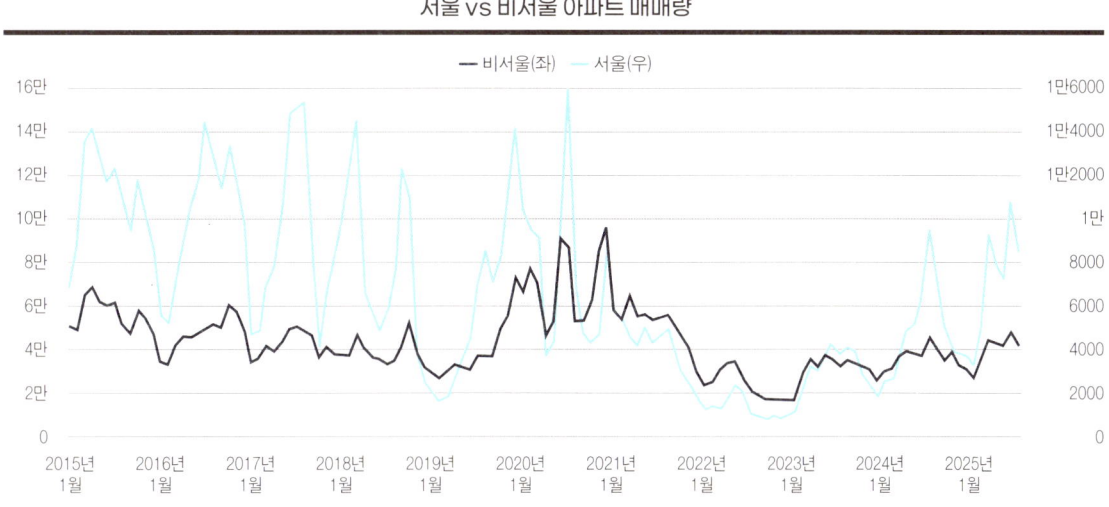

서울 vs 비서울 아파트 매매량

자료 한국부동산원, 단위 건

부동산은 '심리 싸움'
서울 아파트는 투자자산

'부동산은 심리'라는 이야기를 하는 사람이 많다. 일정한 규칙을 갖는 통계가 사실상 없어서다. 수요가 들쭉날쭉한 서울 아파트는 극단적으로 움직이는 '투자자산'이라고 봐야 한다. 한국부동산원의 지난 10년간 아파트 매매량 통계를 보면 특별한 패턴이 없을뿐더러 계절에 따라 거래량이 늘거나 줄지도 않는다. 가구 수와 입주 물량보다는 금리 변화나 정부 정책이 주는 심리적 영향을 크게 받는 것이다. 서울 지역 데이터만 떼놓고 보면 변동 폭도 엄청나다. 아파트 매매량 데이터의 최대치와 최저치 간 격차가 20배 가까이 벌어진다. 비서울 지역에서 3배 정도 차이가 나는 것과 대조적이다.

최근 부동산 호황
정책 자금이 만들었다

정부는 2023~2024년 정책 자금을 통해 부동산 시장 부양에 나섰다. 주택도시기금을 활용해 '생애 최초' 등 명목의 각종 특례 대출을 확대한 것이다. 이 기간 주택담보대출(주담대) 금리는 대기업 대출 금리보다 훨씬 낮아졌다. 당시 그래프를 보면 대체로 주담대 금리는 기준금리보다 1%P가량 높고, 대기업 대출 금리와는 비슷하게 움직였다. 그런데 지난 2년간 주담대 금리는 대기업 대출 금리보다 훨씬 많이 떨어졌다. 집을 사려는 사람은 사실상 기준금리가 1%P 내려간 효과를 볼 수 있었다. 하지만 주택도시기금 고갈로 그동안 정부가 지원하던 디딤돌(주택 구매)·버팀목(전세 자금) 등 정책대출 지원 여력이 줄어들 전망이다.

서울 집값이 높을수록 높은 급수의 지역이라고 가정할 경우 강남 3구(강남·서초·송파구) 등 상위 20%는 5급지, 마포·성동·강동 등 상위 40%는 4급지로 간주할 수 있다. 토지거래허가제를 지정하면 거래량도, 집값 상승률도 제약을 받는다. 일단 갭투자(전세 낀 매매) 수요가 차단된다. 토지거래허가제를 적용하기 전에는 서울 서초구 반포동과 잠·삼·대·청(송파구 잠실동, 강남구 삼성·대치·청담동)의 집값 상승률이 비슷했다. 제도 시행 뒤부터는 반포가 나머지 지역보다 더 뛰는 분위기였다. 2024년 상승 폭이 높지 않았던 잠실 아파트 가격이 2025년 2월 토지거래

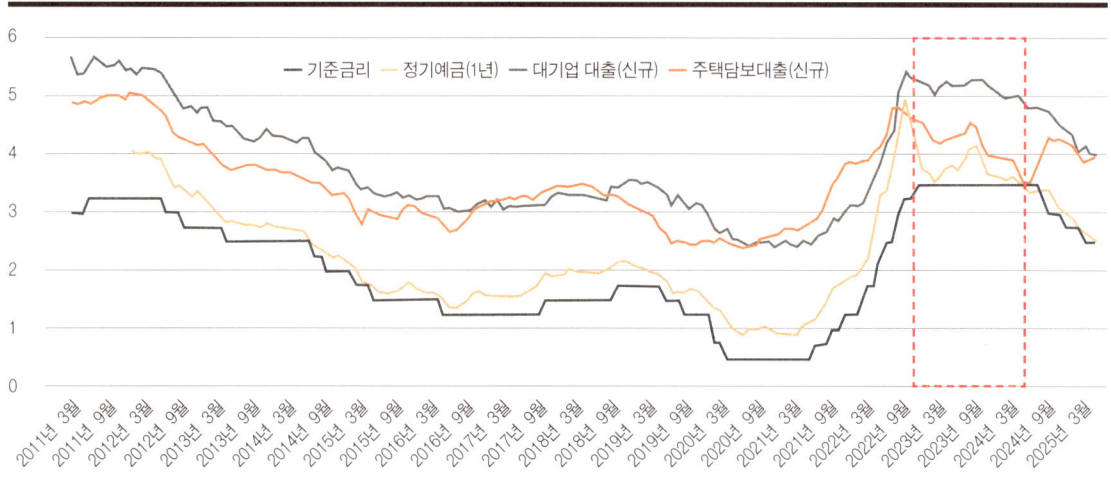

허가구역에서 일시 해제된 뒤 갑자기 급등했다. 잠실이 크게 오르자 2025년 2~3월 이후 잠실보다 집값이 저렴했던 지역의 아파트도 갑작스럽게 오르기 시작했다. 그나마 2025년 6월 27일 정부에서 대출을 막자 7, 8월 거래가 없는 편이었다. 그러다 9·7 주택공급 확대 방안이 나온 이후부터 토지거래허가제에 속하지 않은 곳 중심으로 엄청난 수요가 밀려 들어왔다.

과소 추산된 입주 물량

시장에서는 항상 "공급이 없다"고 한다. 민간기관은 2026년 서울 아파트 입주 물량을 약 7000가구로 추산한다. 이전에 매년 3만~4만 가구 공급하다 갑자기 7000가구가 나온다고 하면 당연히 두렵게 느껴질 수 있다. 그러나 서울시나 국토부가 2024년 말에 발표한 2026년 서울에 예정된 아파트 입주 물량 공식 추정치는 2만9000가구 정도로 4배가량 차이가 난다. 후분양제도 때문이다. 민간 통계는 분양된 단지 기준으로 집계하지만, 서울은 많은 경우 후분양으로 진행된다. 분양이 늦어지면 입주 예정 물량에서도 누락된다. 결국 실제 완공 시점이 다가올수록 물량이 늘어날 수 있다. 2021년과 2022년에도 민간 추정보다 실제 입주 물량이 많았다. 당시 예측치는 각각 2만 가구대였지만, 실제 입주는 3만~5만 가구에 달했다. 서울은 건설사가 공급을 선호하는 시장이다. '공급 절벽' 얘기가 시장을 잠깐씩 달구지만, 결과적으로는 더 많은 입주가 이뤄진다고 볼 수 있다.

'임대수익률'과 '전세가율' 살펴봐야

시장 상황을 객관적으로 봐야 한다. 이를 위해 단순한 집값 대신 '임대수익률'과 '전세가율' 등을 주목해야 한다. 서울 아파트를 기준으로 임대수익률이 기준금리 대비 0.5~1%가량 높으면 정상적인 상황이라고 보면 된다. 또 전세가율이 30% 정도까지 하락하면 매매가는 고점이고, 70~80%까지 오르면 매매가가 저점이라는 기준을 가지고 지역별로 판단하면 좋다. 이 지표와 기준금리의 차이를 보면 지금 시장의 가치가 어느 정도인지를 가늠

투자 전략

2025~2026년 서울시 입주 예정 물량 총괄표

구분	입주 실적	입주 전망			
	2024	2025e	2026e	총계	
아파트	3만2672	4만6780	2만4462	7만1242	100.0
정비사업	1만9923	3만2172	1만2644	4만4816	62.9
비정비 사업	1만2749	1만4608	1만1818	2만6426	37.1

※2024년 12월 기준 자료 서울특별시, 스마트서울맵

2025년 하반기~2026년 서울시 입주 예정 물량 총괄표

구분	입주 전망			
	2025년 하반기	2026년	총계	
아파트	1만8982	2만8885	4만7867	100.0
정비사업	1만3043	1만6292	2만9335	61.3
비정비 사업	5939	1만2593	1만8532	38.7

※2025년 6월 기준 자료 서울특별시, 스마트서울맵

> 주택도시기금 고갈로 그동안 정부가 지원하던 디딤돌(주택구매)·버팀목(전세 자금) 등 정책대출 지원 여력이 줄어들 전망이다.

할 수 있다.

서울 아파트 가치는 역대 최고 수준으로 평가받고 있다. 현재 서울 4~5급지 아파트의 임대수익률은 1.5~2% 수준이고, 기준금리는 2.5%다. 전세가율이 역사상 가장 낮았던 시기는 2006년이다. 당시 서울에서 제일 비싼 아파트는 강남구 도곡 렉슬이었다. 도곡 렉슬(전용 112㎡) 집값이 15억원, 전세가 5억원으로 전세가율이 30%대로 떨어졌다. 그 뒤로 집값은 내려가는데 전세가는 오르면서 전세가율이 70~80%에 달하는 시기를 맞았다. 지금 전세가율이 당시(30%) 수준이다. 전세가율과 임대수익률 모두 집값이 과열됐음을 알려주고 있다. 게다가 정부가 언제든 보유세 등 세금 정책을 꺼내며 부동산 규제를 강화할 수 있는 상황이다.

서울 집값, 마지막 변수는 '금리'

현재 시장의 가장 큰 위험은 금리로 인한 변동성이다. 2025년 9월 말부터 한·미 무역 협상 과정에서 미국 트럼프 대통령이 3500억 달러(약 500조원) 현금 선납을 요구한 뒤 글로벌 채권시장은 요동치고 있다. 외국인 투자자들이 국채 선물 시장에서 손실을 봐가면서까지 대거 매도에 나섰기 때문으로 풀이된다. 기준금리가 3%에서 2.5%까지 내렸지만, 시장금리는 오르는 역전 현상이 발생하고 있다. 채권 시장에서 시장금리의 기준이 되는 국고채 금리는 9월 말께 갑자기 위로 튀었다. 채권 금리 상승은 곧 주담대 금리가 오른다는 걸 의미한다. 국제금융 불안으로 서울 아파트는 가치가 고평가된 상태에서 금리 상승이라는 '이중 부담'을 안게 될 수 있다. 이런 상황에서 빚을 내거나 다른 자산을 처분해 서울 아파트에만 투자하는 건 위험할 수 있다. 지금은 시장을 관망하며 잠시 숨 고르기를 할 때다.

advice

배문성 라이프자산운용 이사
한국기업평가, 한국수출입은행을 거쳐 외국계 자산운용사 등에서 근무했다. 〈부동산을 공부할 결심〉 등의 책을 펴냈다.

Section 1 | Policy

부동산 관련 세금이 문재인 정부 이전으로 회귀 중이다. 사진은 서울 롯데월드타워에서 바라본 강남아파트 일대 모습.

다주택자라면 증여 미루지 말 것!

최근 부동산 시장에서는 집이 없으면 없는 대로, 있으면 있는 대로 조급함을 느끼는 수요자가 많다. 매수를 고려하던 지역이 언제든 규제 지역이 될 수 있다는 공포, 보유세 인상 가능성, 다주택자 중과세 유예의 종료 여부 등 불확실성이 산재하기 때문이다. 정부의 자금출처 조사가 강화되는 것도 변수다. 고가주택을 중심으로 증여세 조사가 늘어날 수 있는 만큼 가족 간 차입 때 이자 상환 등 증빙에 신경쓰는 게 중요해졌다. 박민수 더스마트컴퍼니 대표가 '새 정부, 새 정책에 따른 부동산 절세 전략'을 알려준다.

조급해진 1주택 갈아타기

정부 관계자들이 2025년 9월 이후 공개 석상에서 내놓은 발언을 종합해보면 세금 규제는 한꺼번에 종합적으로 나올 가능성이 높다. 대출 규제에서 조정대상지역 등 규제 지역 추가 지정, 세금 규제 순으로 예상된다. 수요자는 어느 곳이 규제 지역으로 지정됐는지 여부를 주목해야 한다. 규제 지역이 광범위하게 지정된 만큼 2026년 5월 9일부로 끝나는 양도세 중과 유예 역시 연장되지 않을 가능성이 높다.

절세 방안

> 서울을 포함한 수도권 상당 부분이 규제 지역이 됐다.
> 박민수 더스마트컴퍼니 대표

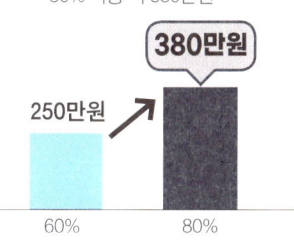

보유세 증가 사례
20억 아파트 기준, 공정시장가액비율 60% 적용 시 보유세 250만원, 80% 적용 시 380만원

세금과 관련해 중요한 것은 조정대상지역이다. 조정대상지역이 되면 취득과 양도 단계에서 세금이 올라간다. 최근 과열된 분위기의 영향으로 서울을 포함한 수도권 상당 부분이 규제 지역이 됐다. 정부는 '10·15 주택시장 안정화 대책'을 통해 서울 전역을 포함한 경기도 12개 지역을 조정대상지역과 투기과열지구로 동시에 지정했다. 1주택자와 다주택자는 이런 상황을 종합적으로 고려해 절세 전략을 짜야 한다. 갈아타기를 하는 1주택자도 주의해야 할 게 많다. 일시적 2주택 양도세 비과세만큼이나 중요한 게 '일시적 2주택 취득세'다. 취득세는 세대 기준 주택 수가 1주택이면 기본 세율이다. 2주택이 되면 조정 지역 8%, 비조정 지역은 기본 세율이다. 조정 지역 3주택이 되면 12%(비조정 8%)가 된다. 취득세를 잘 모른 상태에서 매입했다가 순간적으로 5000만원에서 1억원까지 납부해야 할 수 있다는 얘기다.

보유세 어디까지 오를까

국토교통부 장관이 사견을 전제로 보유세 인상이 필요하다고 말한 적이 있다. 보유세와 관련해서는 당장 세율을 건드리기보다 공정시장가액비율 상향, 공시가격 현실화율 상향 등의 수단을 활용할 여지도 있다. 세법 개정 없이도 단기적으로 부동산 세수를 확보할 수 있는 '우회적인 증세 카드'다. 공정시장가액비율은 현행 60%에서 80%로 올라갈 가능성이 크다. 공시가격 현실화율은 현재 70%다. 문재인 정부에서 현실화율을 90%로 높이려다 오히려 역풍을 맞은 것을 고려하면 80%로 상향 조정에 힘이 실린다.

종합부동산세는 3주택 이상이라면 중과세를 적용받을 수 있다. 3주택 시가를 다 더해서 40억원(종부세 과표 12억원)이 넘어가면 주의가 필요하다. 보유세 부담이 예상보다 더 커질 수 있어서다. 조정 지역 2주택자가 중과로 인해 2600만원에서 7000만원으로 세금이 오른 사례가 있다. 공동소유 등 명의를 분산하는 전략을 고민해 볼 수 있다.

다주택에 대한 양도세 중과는 강력한 제도다. 양도 차액 10억원 기준으로 3억원 수준이던 양도세가 7억원까지 올라갈 수 있다. 장기보유특별공제를

꼭 알아둬야 할 취득세 중과 기준

3년 내 처분을 못 할 것 같다면 처음부터 8%를 내는 게 낫다. 나중에 나머지 5%에 대한 세금과 3년이라는 기간에 대한 가산세(8~9%)를 내야 해 부담이 커지기 때문이다.

일시적 2주택 취득세는 매수 기간 사이에 1년의 여유가 있는 양도세와 달리 기간적 제약이 없다. 한 달, 일주일, 1일 간격으로 사도 무관하다.

1주택자가 갈아타기가 아닌 추가 주택 매수를 고려한다면 세금 관련 대책 발표를 먼저 보고 판단하라고 말하고 싶다. 정부의 패를 확인할 필요가 있다.

취득세 중과 기준

구분	주택	세율
개인	1주택	1~3
	2주택	조정 8, 비조정 1~3
	3주택	조정 12, 비조정 8
	4주택 이상	12
법인	무관	12

*일시적 2주택은 1주택 세율 적용
자료 행정안전부, 단위 %

받을 수 없을 뿐 아니라 세율이 최대 30%P(조정 지역 3주택자 기준) 높아져서다.

2026년 5월 10일부터는 양도세 중과가 재개될 가능성이 높다. 매도자라면 지금 움직여야 한다. 5월 9일까지 잔금을 받아야 한다. 닥쳐서 움직인다면 매수자가 오히려 이런 상황을 활용할 수 있다. 항상 대중이 움직이는 방향과 반대로 가야 한다. 다주택자는 자신이 가진 물건에 대해 먼저 분석해봐야 한다. 좋지 않은 물건은 기다리지 말고 매도하고 아까운 물건이라면 증여해야 한다. 최근 서울 증여 건수가 사상 최대 수준까지 치솟은 이유다.

계약 후 갑자기 조정 지역?
세 폭탄 안 맞으려면

주택 취득일은 기본적으로 잔금일이다. 계약과 잔금 중간에 조정 지역이

> 좋지 않은 물건은
> 기다리지 말고 매도하고
> 아까운 물건이라면
> 증여해야 한다.

될 경우 선의의 피해자를 고려해 예외적으로 계약일을 적용해줬다. 단 계약서를 작성하고, 계약서에 있는 금액이 입금됐다는 게 전제 조건이다. 갑작스럽게 규제 지역에 편입됐을 때 1주택 비과세를 2년 보유만으로 받을 수 있는지는 좀 더 복잡하다. 현 정부는 문재인 정부와 마찬가지로 허용은 하되 '세대 기준 무주택'이라는 요건을 달았다. 분양권도 취득한 그날 기준으로 계약서를 작성하고 계약금을 냈다면 예외가 적용된다. '2년 거주 요건'까지 없애려면 세대 기준 무주택이어야 한다. 매도자도 같은 상황에서 잔금일 전 조정 지역이 됐다고 해서 중과를 맞지는 않는다.

증여 취득세도 중요하다. 조정 지역에서는 증여 취득세가 무려 12%다. 10억원짜리 주택이라고 했을 때 우선 자녀가 1억2000만원을 마련해서 취득세를 내야 한다. 그리고 바로 전세를 5억원에 주고 증여세도 내면 된다. 취득세를 감안해도 현금이 남는다. 향후에는 반전세로 월세 소득을 챙기면 된다. 1주택 비고가 주택은 월세 과세가 안 된다는 걸 활용할 수 있다. 이번에 규제 지역을 피해간 지역 중 집값이 과열될 조짐이 보이는 비조정 지역이라면 증여를 서둘러야 한다.

편법 증여 정조준한 정부

9·7 주택공급 확대 방안에서 부동산 거래 질서 확립과 관련해 다섯 가지 사항이 포함됐다. 이 중 불법 의심 사례 세무조사, 자금출처 투명성 제고 기반 강화 등 두 가지를 신경 써야 한다. 정부의 메시지는 자금 출처와 증여세 조사를 강화하겠다는 것이다. '고가 주택 신고가 거래'를 겨냥해 불법 의심 사례에 대한 세무조사를 강화할 것이라고도 예고했다.

재산세제에는 크게 양도세·상속세

절세 방안

양도세 중과 때 세금 시뮬레이션

구분	일반 과세	양도세 중과(3주택)
양도가액	20억원	20억원
(-)취득가액	10억원	10억원
(-)필요경비	0.5억원	0.5억원
양도차익	9.5억원	9.5억원
(-)장기보유특별공제	20%(10년 보유)	미적용 ✓
양도소득금액	7.6억원	9.5억원
(-)기본공제	250만원	250만원
=과세표준	7억5750만원	9억4750만원
세율	42%	42%+30% ✓
누진 공제	(-)3594만원	(-)3594만원
양도세	2억8221만원	6억4626만원
총 부담 세액(지방세 포함)	3억1043만1000원	7억1088만6000원

자료 더스마트컴퍼니

증여세가 있다. 이번 대책에서 양도세 규제가 포함되지 않았지만, 증여·상속세 조사가 강화되는 것을 대비할 필요가 있다.

자금 조달 계획서도 더 중요해졌다. 코인 등 자금 출처에 대한 검증이 강화되는 추세다. 부득이하게 부모한테 자금을 빌리더라도 최대한 빨리 상환해야 한다. 가족, 친인척 등에게 차입했으면 위장 편법 증여가 될 수도 있다. 가족 간 거래는 아무리 늦어도 5년 안에는 상환하는 것을 추천한다. 현재는 양도세 비과세 전략을 최우선으로 고려하는 게 좋다. 일시적 2주택 비과세를 못 받는다면 안 좋은 것부터 팔면 된다. 매수와 매도 전 세무사와 상담도 활용할 필요가 있다.

공정시장가액비율

부동산 공시가격에 곱해 실제 과세표준을 산정하는 기준 비율을 말한다. 공정시장가액비율은 고정되어 있지 않다. 문재인 정부 시절 종부세 강화를 위해 비율을 높였다. 윤석열 정부 들어서 보유세 부담을 줄이는 방향으로 조정이 이뤄졌다.

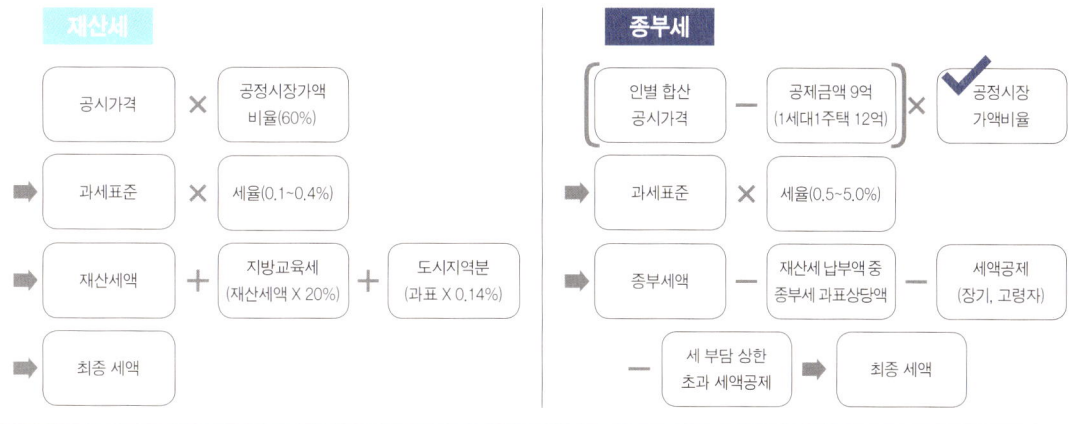

자료 더스마트컴퍼니

Section 2

핵심 입지 갖춘 부동산 투자처는 어디

부동산 시장의 축이 바뀌고 있다. 신도시 개발, 정비사업, 역세권 확충 등 핵심 성장축을 따라가면 서울 외 지역에서도 유망 투자처를 찾을 수 있다. 입지별 돈 되는 신호를 읽어 시장 흐름과 투자 전략을 짚어본다.

종부세 대상 서울 아파트 전망

※괄호 안은 가구 수, 자치구별 아파트 중위값이 과세기준(시가 16억원) 초과 때 해당 지역 아파트 50%를 과세 대상으로 보고 추산
자료 한국경제연구원, **단위** %, 가구

2021년 6(11만)
2025년 20(38만)

주목, 이 지역!
"서울 아니어도 오를 곳 많다"
지역별 돈 되는 신호는?
p. 50

신(新)도시 분석
수도권 신도시
완벽 정리
p. 58

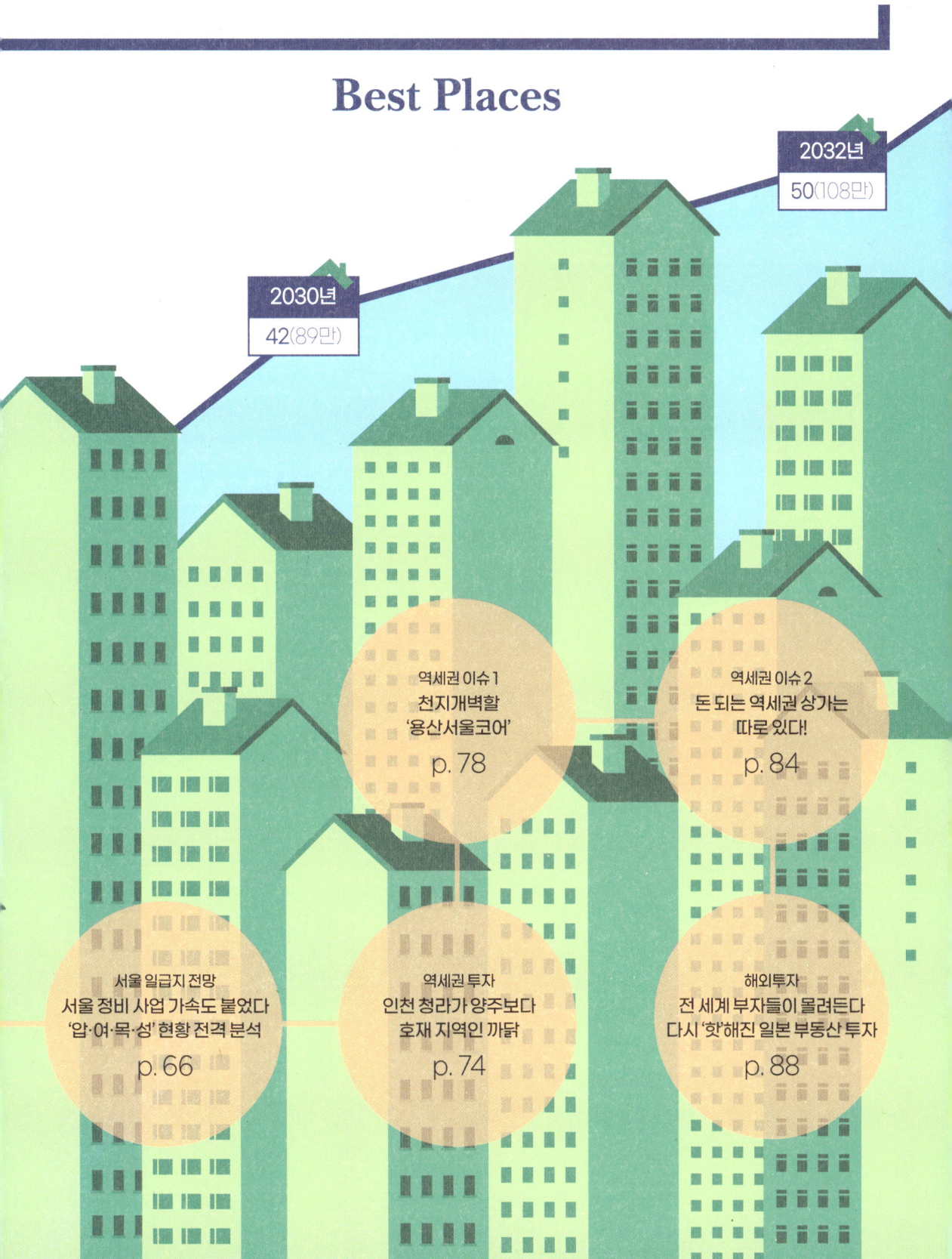

Section 2 | Best Places

"서울 아니어도 오를 곳 많다" 지역별 돈 되는 신호는?

김학렬 스마트튜브 부동산조사연구소장
'빠숑'이란 필명으로 더 잘 알려진 김학렬 스마트튜브 부동산조사연구소장이다. 〈다시 쓰는 대한민국 부동산 사용설명서〉, 〈부동산 절대원칙〉, 〈당신만 몰랐던 부동산 투자〉 등 다수의 책을 냈다. 20년 넘게 입지 분석을 해오며 부동산 전망 분야 권위자로 자리매김했다.

김학렬 소장은 최근 부동산 시장 상황을 '양극화'로 설명했다. 서울과 지방이 정반대 곡선을 그리는 상황이 2026년에는 더 심화할 것이라는 설명이다. 그중에서도 이른바 '돈 되는 지역'은 투자가치가 충분하다고 조언한다. 지방 광역시에서도 전세 가격이 상승하는 곳과 교통 등 미래가치가 시장에 반영되지 않은 지역이 대표적이다. 김 소장은 "보유 자금에 맞춰 상승 흐름에 올라탈 수 있는 곳을 선별하는 능력이 어느 때보다 필요하다"고 말한다.

69.4%P
수도와 지방 간 주택 가격 상승률 차이다. 우리나라가 다른 주요국에 비해 월등히 높다.

수도권 vs 지방
양극화로 갈라진 2025년 부동산 시장

2025년 부동산 시장에서 가장 눈에 띄는 점은 수도권과 지방 사이에서 벌어진 '양극화'다. 시장 전체가 동반 상승하거나 하락하던 과거와 달리 이제는 지역·상품별로 흐름이 명확하게 엇갈리고 있다. 그중에서도 가장 큰 격차를 보이는 것은 수도권과 지방이다. 2025년 아파트 매매가 흐름을 살펴보면 서울과 경기 등 수도권과 세종, 울산 등 일부 광역시만 상승세를 기록했다. 반면 다른 대부분의 지방은 여전히 마이너스 국면을 벗어나지 못하고 있다.

한국은행에 따르면 수도와 지방 간 주택 가격 차는 한국이 주변국에 비해 월등하다. 2025년 서울과 전국 주택 가격 상승률 격차가 69.4%P인 반면 중국은 49.8%P, 일본은 28.1%P를 나타냈다. 캐나다는 24.5%P에 그친다.

이 같은 흐름은 단순한 일시적 현상이 아니라 시장의 구조적인 변화를 의미한다는 점에서 주목된다. 양질의 일자리와 교통 인프라, 신규 수요 등 부동산의 가치를 결정하는 핵심 요소가 수도권에 집중되면서 나타나는 필연적인 결과다. '서울이 아니어도 오를 곳은 오른다'는 말은 역설적으로 '서울을 포함한 수도권은 기

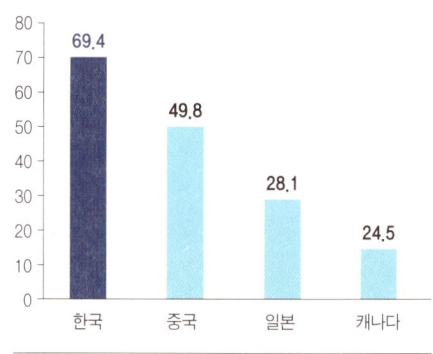

주요국별 수도 vs 전국 주택 가격 상승률 격차

국가	%P
한국	69.4
중국	49.8
일본	28.1
캐나다	24.5

자료 한국은행, **단위** %P

주목, 이 지역!

집코노미 박람회 2025 현장. 김학렬 소장의 입지 분석 강연장이 모여든 사람들로 북새통을 이루고 있다.

본적으로 오른다'는 전제를 내포하고 있다. 이제 투자자들은 '어느 지역이든 오를 것이라는' 막연한 기대를 버려야 한다. 내가 가진 자본과 투자 목적에 맞춰 철저하게 지역을 분석하고, 상승 흐름에 올라탈 수 있는 곳을 선별하는 전략이 그 어느 때보다 중요하다.

막연히 지방의 저가 아파트를 매수하며 순환매를 기다리는 방식은 더 이상 유효하지 않을 가능성이 높다. 시장의 큰 물줄기가 어디로 향하는지 명확히 인지하고, 그 흐름에 올라타는 것이 부동산 투자의 첫걸음이다.

부산·인천·광주의 반전 신호, 전세가

지방 부동산에 투자할 때는 매매가격이 주춤하거나 하락하는 지역이라고 해서 무조건 외면해서는 안 된다. 시장의 반전 신호를 포착할 수 있는 중요한 선행지표가 있기 때문이다. 바로 전셋값이다. 2025년 시장에서 부산, 인천, 광주는 매매가 누적수익률이 마이너스(-)임에도 전세가는 꾸준히 상승하는 공통점을 보였

다. 매우 의미 있는 신호다. 전세는 철저히 실수요에 기반한 시장이다. 전세가가 오른다는 것은 해당 지역에 거주하려는 수요가 탄탄하며, 시장이 받아낼 수 있는 가격의 하방 경직성이 강해지고 있음을 의미한다.

전세가가 꾸준히 올라 매매가와 격차(갭)를 줄이면, 어느 순간 매매가를 밀어 올리는 강력한 동력으로 작용한다. 특히 인천의 송도, 청라, 검단 같은 신도시는 이미 완성된 인프라를 바탕으로 꾸준한 전세 수요가 유입되고 있다. 부산 역시 매매 시장 침체 속에서도 전세가는 상승하며 바닥을 다지고 있다. 광주는 신규 입주 물량이 많아 매매 시장이 어려움을 겪고 있음에도 전세가가 올랐다는 점이 흥미롭다. 이는 향후 공급 물량이 해소됐을 때 시장이 빠르게 회복될 잠재력을 갖췄음을 보여준다. 당장의 매매가 등락에 일희일비하기보다 전세가 흐름을 꾸준히 추적하며 시장의 에너지가

2025년 주요 광역시별 전셋값 변동률

	서울	인천	부산	대구	광주	대전	울산	세종
1월	0	-0.17	0.11	-0.29	0.11	-0.12	0.18	-0.03
2월	0.07	-0.15	0.1	-0.18	0.09	-0.17	0.18	-0.12
3월	0.23	0.01	0.12	-0.26	0.03	-0.27	0.29	-0.12
4월	0.11	-0.02	0.05	-0.18	-0.02	-0.29	0.21	0.01
5월	0.19	-0.09	0.13	-0.14	-0.07	-0.39	0.22	0.4
6월	0.33	-0.09	0.11	-0.1	-0.05	-0.38	0.23	0.38
7월	0.31	-0.13	0.16	-0.15	-0.05	-0.27	0.25	0.2
8월	0.26	-0.12	0.21	-0.07	0.01	-0.15	0.25	0.36

자료 한국부동산원, 단위 %

Section 2 | Best Places

주목받는 재건축 단지인 서울 한강변 강남구 압구정동 아파트 단지 일대.

응축되고 있는 지역을 눈여겨보는 지혜가 필요하다. 전세가 상승은 겨울이 끝나고 봄이 오고 있음을 알리는 가장 확실한 신호탄이다.

서울과 비교되는 부산 세종 따라가는 대전

지방 광역시 투자의 성공 확률을 높이기 위해서는 다른 도시와 관계를 입체적으로 분석해야 한다. 대표적인 사례가 서울과 부산, 세종과 대전의 관계다. 먼저 부산의 가치를 살펴볼 필요가 있다. 5~6년 전만 하더라도 부산 해운

높은 분양가에도 청약 성공한 부산 주요 단지

단지	규모	3.3㎡당 분양가	경쟁률
베뉴브 해운대	415	4356	21.1
르엘 리버파크 센텀	2070	4600	4.7
써밋 리미티드 남천	835	5060	22.6
서면 써밋 더뉴	919	3300	3.68

자료 한국부동산원 청약홈, **단위** 가구, 만원, N:1

대구와 수영구의 시세는 서울 마포구, 성동구와 비슷했다. 하지만 지금은 마포와 성동 내 아파트 가격이 30억원을 향해 달려가고 있다. 그 사이 해운대와 수영구는 그 절반 수준에 머물러 있다.

도시의 위상 차이는 있겠지만, 과연 이 정도의 격차가 합리적일까에 대해 의문을 제기할 수 있다. 최근 해운대에서 전용면적 84㎡가 20억원에 육박하는 가격으로 분양됐다. 분양가가 높다는 주변의 우려에도 청약 경쟁률이 높았다. 부산의 상급지 시장에 여전히 수요가 존재함을 증명한다. 부산의 핵심 입지가 서울에 비해 현저히 저평가됐을 가능성을 시사한다.

대전 시장을 예측하려면 세종의 흐름을 봐야 한다. 2025년 세종은 매매가와 전세가 모두 전국 최상위권의 상승률을 기록했다. 이러한 강력한 에너지는 필연적으로 인접한 대전으로 확산한다. 같은 생활권으로 묶이는 대전 유성구와 서구는 세종의 후광 효과를 직접적으로 받는 지역이다. 그동안 신규 분양 물량 부담으로 어려움을 겪었지만, 세종발 훈풍과 맞물려 미분양이 해소되고 프리미엄이 붙기 시작했다.

이처럼 특정 도시 하나만 보는 게 아니라, 그 도시와 경쟁하거나 상생하는 다른 도시와 관계 속에서 상대적 가치를 평가할 때 비로소 숨겨진 투자 기회를 발견할 수 있다.

서울 압구정 재건축과 한남·성수 재개발 투자

서울에서의 성공적인 투자는 결국 재건축·재개발 정비사업으로 귀결된다. 가용 택지가

주목, 이 지역!

없는 서울에서 정비사업은 새 아파트가 공급될 유일한 방법이기 때문이다. 정비사업은 크게 재건축과 재개발로 나뉜다. 먼저 재건축은 자금 여력이 충분한 투자자를 위한 가장 확실하고 안전한 선택지다. 압구정 현대아파트, 반포 주공1단지, 잠실 주공5단지 등은 언제 사더라도 '상투'가 아닐까 걱정되지만, 결국 그 고점을 넘어설 것이라는 강한 믿음이 존재하는 단지다. 정부 규제의 1순위 타깃이 된다는 사실 자체가 그 가치를 역설적으로 증명한다.

수도권과 지방 아파트 가격 격차가 약 17년 만에 가장 크게 벌어졌다.

수십억원에 달하는 초기 투자금은 큰 진입장벽이다. 압구정 현대 전용면적 196㎡의 최근 실거래가는 127억원까지 상승했다. 부동산 투자를 고민하는 일반적인 경우라면 쉽게 지불할 수 없는 금액대다. 전용 82㎡ 매매가도 60억원이어서 현금이 충분한 투자자가 아니라면 도전조차 쉽지 않은 가격이다.

최근 시장의 높은 관심을 받는 것은 재개발 사업이다. 재건축에 비해 규제가 덜하고, 초기 투자금이 적게 드는 장점 때문이다. 용산구 한남뉴타운이나 성동구 성수전략정비구

> **66**
> 부산 상급지는 서울에 비해 여전히 저평가되어 있다. 대전 유성구와 서구 역시 눈여겨봐야 할 지역이다.
> **99**

역 같은 최상급지는 물론 동작구 노량진과 흑석뉴타운 등 서울의 주요 뉴타운 지역은 여전히 2억~3억원대의 소액으로도 진입 가능한 물건이 존재한다. 재개발 지역 내 아파트 매수도 앞서 언급한 압구정 등 전통적인 재건축 투자 선호 지역과는 격차가 크다.

재개발은 낡은 빌라나 노후 주택이 새 아파트로 변모하는 가장 드라마틱한 과정이다. 물론 사업 속도나 조합 내부의 갈등 같은 변수는 존재한다. 하지만 그 불확실성을 감수할 만큼 기대수익 또한 크다. 한 채에 집중해야 하는 현 시장 상황에서 자금 상황에 맞춰 재건축의 안정성을 택할지, 재개발의 잠재력을 택할지 결정하는 것이 서울 투자의 핵심 전략이라고 할 수 있다.

미래가치 높은 GTX 역세권·3기 신도시

현재의 가치보다 미래의 변화에 투자하는 것은 성공 투자의 핵심 원칙이다. 그런 관점에서 2025년 이후 수도권 부동산 시장의 가치를 가

서울 압구정·한남·성수 내 주요 아파트 신고가 거래

단지명	전용면적	거래가
압구정 현대(2차)	196	127
압구정 현대(3차)	82	60
신동아(한남4구역)	84	37.5
청구강변(성수2가)	84	23.6

자료 부동산실거래가 공개시스템, 단위 ㎡, 억원
※2025년 10월 기준

Section 2 | Best Places

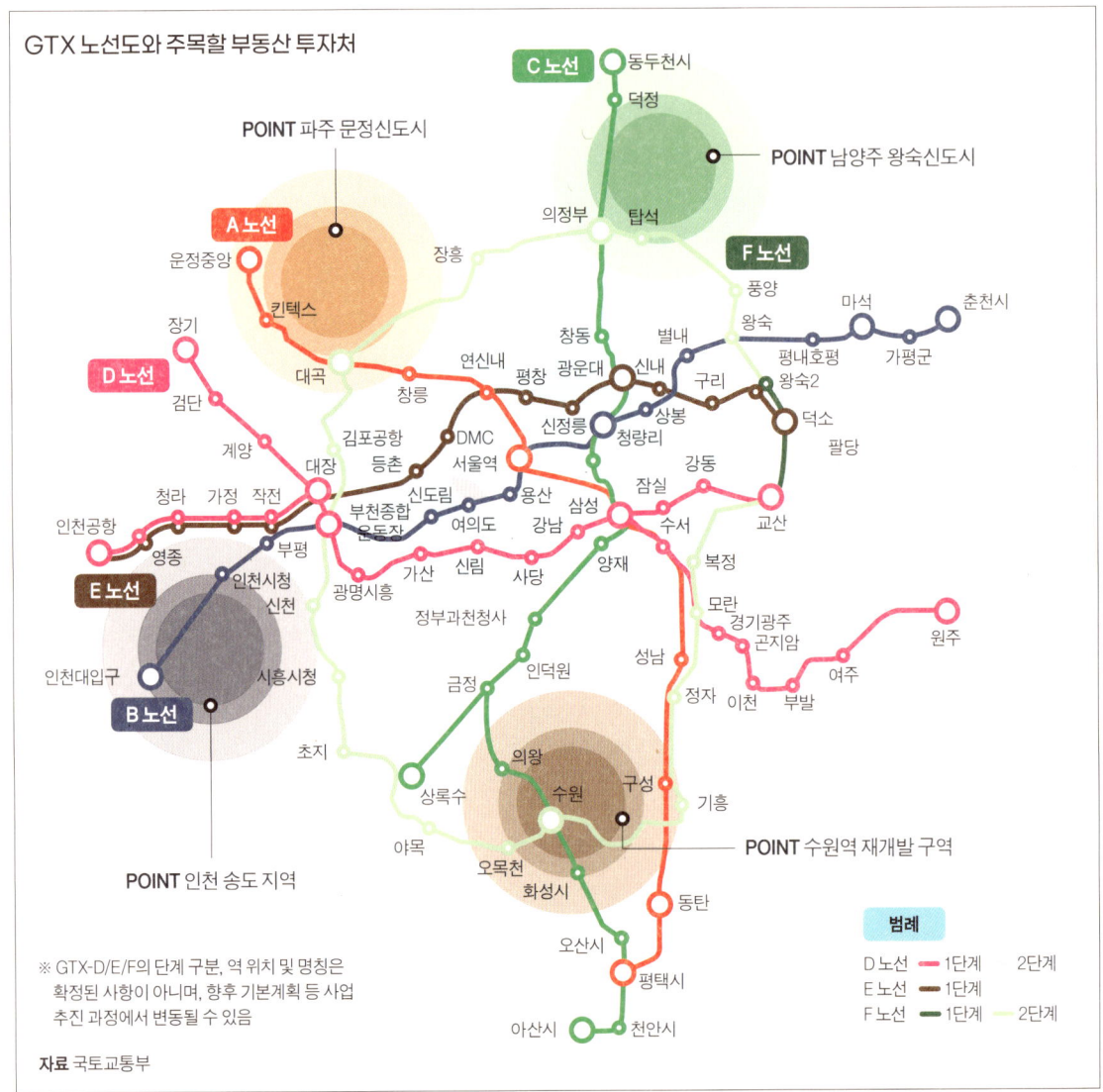

장 크게 뒤흔들 두 가지 키워드는 바로 '수도권 광역급행철도(GTX) 역세권'과 '3기 신도시'다. 먼저 GTX는 단순한 교통 호재를 넘어 수도권의 공간 구조를 바꾸는 '패러다임의 전환'과 관련이 깊다.

경기 파주 운정신도시에서 서울 강남까지 1시간 이상 걸리던 거리가 25분 만에 주파가 가능해진다는 것은 경기도 외곽이 사실상 서울 생활권으로 편입됨을 의미한다.

이러한 변화는 아직 시세에 온전히 반영되지 않았다. GTX-A·B·C 노선과 신안산선 등 주요 노선의 역세권 700m 이내는 향후 10년간

주목, 이 지역!

가장 극적인 가치 상승을 경험할 지역이자, 자금이 부족한 수요자에게 마지막 남은 기회(투자처)가 될 수 있다.

수도권 3기 신도시는 일반적인 부동산 입지나 가격 논리로 접근해서는 안 된다. 3기 신도시는 정부가 세금을 투입해 시세보다 저렴하게 공급하는 일종의 '정책 상품'이다. 청약 조건이 되는 무주택자라면 회사와 접근성 등 입지나 분양가를 따져 청약통장을 활용하는 게 유리하다. 당첨되는 순간 최소 수억원의 시세차익이 보장되는 구조이기 때문이다.

투자는 현재의 모습이 아닌, 10년 뒤 GTX와 함께 완성될 도시의 미래가치를 보고 판단해야 한다. 이 두 가지 키워드는 당장의 시장 등락과 무관하게, 긴 호흡으로 꾸준히 관심을 가져야 할 수도권 투자의 바로미터다.

GTX-B·C를 통해 살펴보는 수도권 입지 전망

수도권의 미래가치를 논할 때 GTX를 빼놓을 수 없다. 특히 아직 본격적인 시세 반영이 이루어지지 않은 B 노선과 C 노선은 향후 5년간 가장 주목해야 할 투자 포인트다. GTX-B 노선은 인천 송도에서 경기 남양주 마석을 잇는다. 이 노선의 서쪽 끝인 송도는 한때 15억원을 찍고 8억원까지 하락했다가 최근 회복 중이다. 하지만 여전히 상승 여력이 충분하다. 특히 인천대입구역처럼 아직 신고가를 경신하지 못한 역세권 단지는 좋은 기회가 될 수 있다.

수도권의 동쪽 끝인 남양주 역시 왕숙신도시와 함께 큰 변화를 앞두고 있다. 상대적으로

> GTX 개통 효과가 아직 시세에 반영되지 않은 곳이 상당수다. 수원역 재개발 구역과 남양주, 인천 송도 등지도 그중 하나다.

저렴한 3기 신도시 분양 물량과 역세권 기존 아파트 모두 장기적인 관점에서 유망하다. GTX-C는 수도권 북부인 경기 양주 덕정에서 남부 핵심인 수원을 잇는다. 이 노선에서 가장 큰 잠재력을 가진 곳은 단연 수원이다. 그동안 동탄과 자체 입주 물량에 밀려 힘든 시기를 보냈지만, 이제 공급 리스크가 대부분 해소됐다. 삼성전자라는 강력한 일자리를 기반으로 하는 수원은 GTX를 통해 서울 강남 접근성이 획기적으로 개선된다. 이는 과거 화성 동탄이 SRT와 GTX-A 노선 개통으로 폭발적으로 성장했던 것과 같은 경로를 밟을 수 있음을 의미한다.

GTX 개통 호재를 입게 될 경기 남양주 왕숙 1블록 조감도.

Section 2 | Best Places

특히 수원역 주변 재개발 구역은 C 노선의 최대 수혜지가 될 것이다. 이처럼 B, C 노선은 아직 저평가된 수도권 외곽 지역의 가치를 재평가하게 만드는 가장 강력한 촉매제가 될 수 있다.

서울 소형 vs 지방 중대형 어디가 더 유리할까

부동산 투자는 결국 수요를 예측하는 게 성패를 좌우한다. 그런 의미에서 '인구구조의 변화'는 미래 수요를 예측하는 가장 중요한 열쇠다. 국내 부동산 시장의 가장 큰 구조적 변화는 '1인 가구의 급증'이다. 이 현상이 서울과 지방 시장을 완전히 다른 방향으로 이끌고 있다.

서울은 양질의 일자리를 찾아 몰려드는 젊은 1인 가구가 폭발적으로 증가하는 도시다. 이들은 비싼 월세를 감수하더라도 직주근접이 가능한 역세권에 거주하길 원한다. 이 수요가 서울의 소형 아파트 시장을 이끌고 있다. 과거에는 비주류였던 전용 39㎡, 49㎡ 아파트가 최근 송파구 헬리오시티에서 3.3㎡당 최고가를 기록한 것이 그 증거다. 대단지 내의 커뮤니티 시설(헬스장, 카페 등)을 무료로 이용하며 생활비를 절약할 수 있다는 점도 1인 가구에 큰 매력으로 작용한다. 실제로 서울 중소형 아파트의 평균 매매가격은

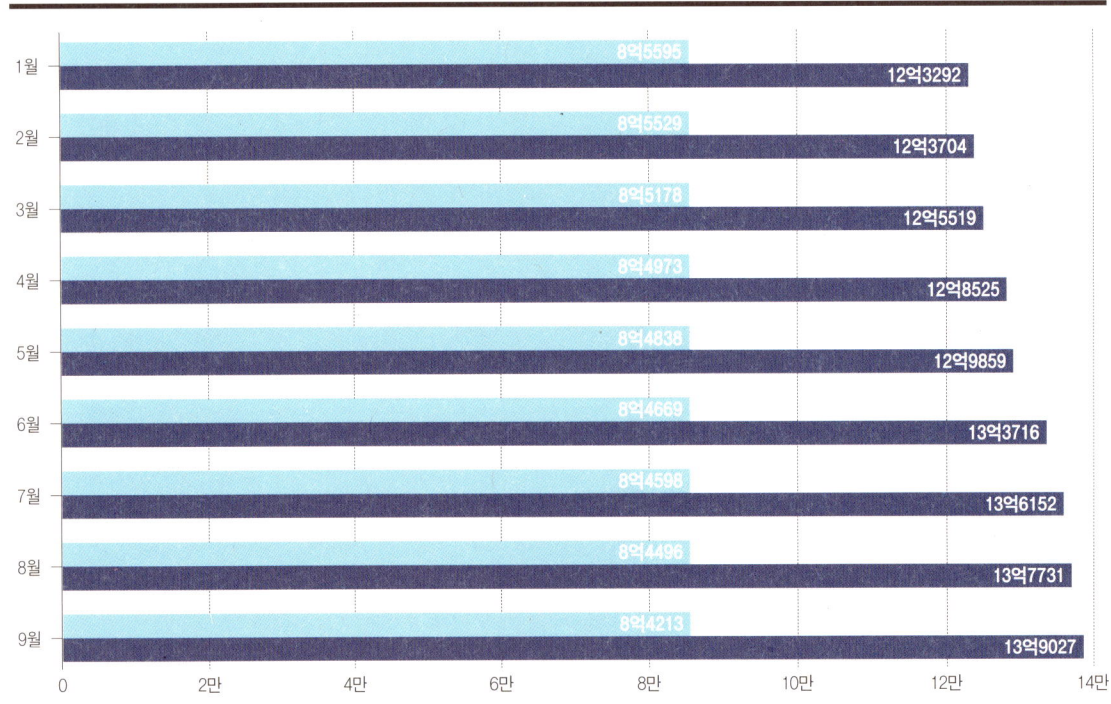

서울 중소형과 6대 광역시 대형 아파트 평균 매매가 비교

자료 KB부동산, 단위 만원 · 서울 중소형 · 6대 광역시 대형

주목, 이 지역!

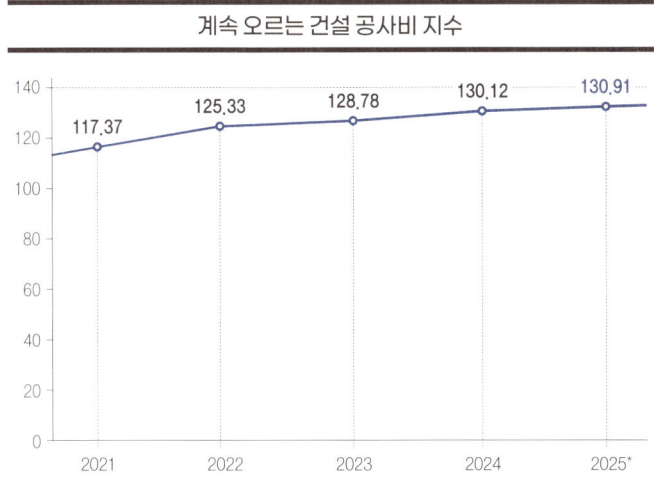

계속 오르는 건설 공사비 지수

2021: 117.37
2022: 125.33
2023: 128.78
2024: 130.12
2025*: 130.91

※8월 확정치, 2020년=100 **자료** 한국건설기술연구원, **단위** 포인트

2025년 9월 기준 13억9027만원으로 14억원 돌파를 눈앞에 두고 있다. 중소형 아파트라 하더라도 쉽게 매수하기 힘든 금액대까지 상승 중이다.

반면 지방은 1인 가구 증가세가 더디고 여전히 3~4인 가구가 주택 시장의 핵심 수요층이다. 지방에서는 소형 아파트 투자는 신중해야 한다. 오히려 '국민 평형'인 전용 84㎡ 이상의 중대형 아파트가 꾸준히 수요를 받쳐주며 자산 가치를 방어하는 데 유리하다. 이처럼 서울과 지방의 인구구조는 전혀 다르다. 서울에서는 대단지 역세권의 소형 아파트가, 지방에서는 전통적인 입지의 중대형 아파트가 유리하다는 점을 명확히 인식해야 한다. 가격 측면의 이점 역시 고려해볼 만하다. 6대 광역시의 대형 아파트 매매가격은 평균 8억4213만원이다. 서울 중소형 아파트와 비교해 비교적 저렴한 가격에 대형 아파트에 투자할 수 있는 게 매력이다.

서울 신당 9구역 재개발사업 현장.

투자 전 최종 점검
피해야 할 투자처는

성공적인 투자는 좋은 물건을 사는 것만큼이나, 나쁜 물건을 피하는 게 중요하다. 시장이 복잡하고 불확실할수록 리스크를 관리하는 원칙은 더욱 빛을 발한다. 특히 공사비가 급등하고 있는 상황에서 재건축·재개발 투자에는 사업성을 따져보는 게 기본이다. 이와 함께 투자를 결정하기 전, 다음 네 가지 사항을 최종 점검할 필요가 있다.

첫째, 대규모 입주 물량이 예정된 지역은 일단 피해야 한다. 특히 일자리나 인구 유입이 정체된 지방에서 공급이 수요를 초과하면 장기간 가격 하락과 역전세난을 맞이할 가능성이 크다.

둘째, 인구가 지속적으로 유출되는 지역은 장기적으로 가치가 하락할 수밖에 없다. 통계청 데이터를 통해 최근 5년간 인구가 5% 이상 감소한 지역은 투자 대상에서 제외하는 것이 안전하다.

셋째, 정비사업에 투자할 때는 사업성 분석보다 조합원의 분위기와 내부 갈등 여부를 먼저 살펴야 한다. 아무리 입지가 좋아도 사업이 10년, 20년 지연되면 기회비용(손실)이 막대하다.

마지막으로, 아무리 신축이라도 교통 불편은 거주와 투자에 치명적인 약점으로 작용한다. 특히 수도권에서는 서울 접근성이 아파트의 가치를 결정하는 가장 중요한 척도임을 잊어서는 안 된다. 이 네 가지 원칙만 지켜도 실패 확률을 크게 줄일 수 있다. 시장의 화려한 호재에 현혹되기보다, 기본적인 위험 요소를 먼저 걸러내는 게 현명한 투자자의 덕목이다.

재정비 1기, 완성 임박 2기, 효과 기대 3기
수도권 신도시 완벽 정리

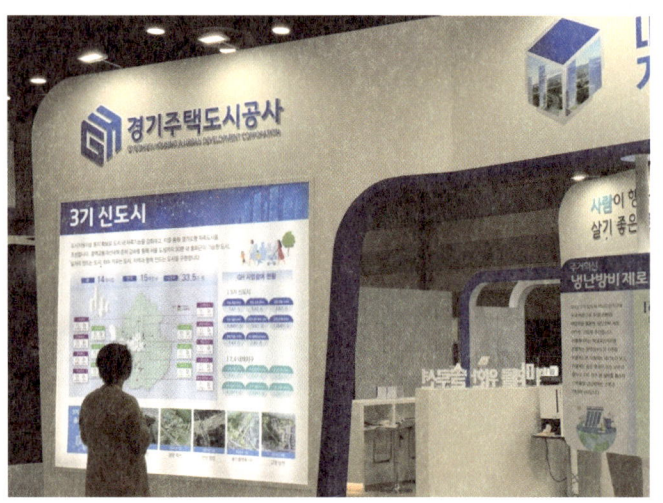

관심을 끄는 수도권 3기 신도시.

수도권 아파트값 불안이 지속되면서 신도시가 다시 주목받고 있다. 1기 신도시는 1990년대 지어져 재건축 정비를 추진 중이다. 경기 판교와 위례신도시 등 2기 신도시는 완성 단계에 접어들었다. 남양주 왕숙 등 3기 신도시는 서울과 가까운 데다 수도권 집값 안정의 첨병 역할을 할 가능성이 높다. 정부의 1기 신도시 재정비와 수도권광역급행철도(GTX) 건설 등 신도시와 관련된 주요 이슈를 짚어봤다.

신도시 계획의 시작

1980년대 후반 서울의 주택난은 심각했다. 급격한 산업화와 인구 집중 등으로 인구는 1000만 명을 넘어섰고, 집값은 매년 두 자릿수로 상승했다. 1988년 서울올림픽 이후 부동산 투기 확산으로 정부는 주택 시장 안정과 수도권 인구 분산을 위한 대책으로 '200만 가구 건설 계획'을 발표했다. 이 계획의 핵심이 바로 서울에서 50km 내 있는 '수도권 1기 신도시' 개발이다.

1989년 노태우 정부는 서울 인접 지역 중 교통 접근성과 개발 여건이 양호한 5곳을 선정했다. 성남 분당, 고양 일산, 부천 중동, 안양 평촌, 군포 산본이 그것이다. 이들 신도시는 20만 명 내외 인구를 수용할 수 있도록 설계됐다. 전체적으로 30만 가구, 117만 명 규모의 주거 벨트를 형성했다. 분당과 일산은 대규모 택지개발지구로, 중동·평촌·산본은 비교적 중규모의 계획도시로 조성됐다. 1992년 말께 1기 신도시 입주가 마무리됐다. 주택 보급률은 1985년 69.8%에서 1991년 74.2%까지 올랐다.

당시 정부는 신도시를 단순한 주택단지가 아닌 '자족형 도시'로 만들겠다는 목표를 세웠다. 주거·업무·상업·문화시설을 함께 배치하고, 초·중·고교와 공공기관, 공원 등을 체계적으로 계획했다. 분당선, 일산선 등 도시철도 건설 계획도 병행돼 서울 도심 접근성을 고려했다. 입주 초기에는 교통 인프라가 갖춰지지 않아 출퇴근 불편이 사회문제가 됐다. 자족 기능이 미흡해 '베드타운'이라는 비판도 있었다.

신(新)도시 분석

그런데도 1기 신도시는 대한민국 도시계획사에서 중요한 전환점이었다. 계획적 토지 이용, 넓은 도로망, 풍부한 녹지, 균형 잡힌 교육·문화시설은 이후 2기 신도시(판교·동탄·김포한강 등)의 모델이 됐다. 분당은 IT(정보기술) 기업과 벤처산업이 들어서며 명실상부한 자족형 신도시로 발전했다. 일산·중동·산본 등은 서울 출퇴근 의존도가 높아 상권 쇠퇴와 주거 노후화 문제가 빠르게 나타났다.

준공 30년을 넘긴 지금 1기 신도시는 새로운 과제에 직면해 있다. 주택 노후화로 인한 재건축·리모델링 수요가 급증했지만, 용적률과 기반 시설 한계로 사업 추진이 쉽지 않다.

수도권 1기 신도시인 경기 고양 일산 아파트 전경.

1기 신도시, 재정비 나서다

1기 신도시가 준공 30년을 넘기며 대대적인 재정비 국면에 들어섰다. 1990년대 초반 완공된 아파트 상당수가 노후화로 도시 기능이 급격히 떨어지고 있다.

주거 환경 노후화는 물론 교통 혼잡과 기반 시설 부족, 상권 쇠퇴 등이 복합적으로 나타나면서 주민 불편이 커졌다. 2023년 기준 1기 신도시 내 건축물의 평균 연한은 30년을 넘었

> 66
> 1기 신도시는 2기 신도시의 모델이 된 대한민국 도시계획사에서 중요한 전환점이었다.
> 99

고, 일부 단지는 구조적 안전등급이 D 이하로 평가됐다. 재건축·리모델링 요구가 급격히 확산했고, 2022년 대통령 선거 때 주요 부동산 이슈로 부각됐다. 정부는 체계적 정비를 위한 법적 근거 마련에 착수했다.

국토교통부는 2024년 5월 '1기 신도시 정비사업 특별법(노후계획도시 정비 및 지원에 관한 특별법)'을 제정했다. 1990~2005년에 조성된 택지개발지구 중 20년 이상 지난 지역을 '노후계획도시'로 규정하고, 그중 1기 신도시를 핵심 시범사업지로 삼았다. 법의 핵심은 용적률 상향(현행 대비 최대 500%까지), 기반 시설 재정비, 공공지원 확대를 통해 도시를 고밀·복합형으로 재탄생시키는 것이다.

2025년 3월에는 이 법에 근거한 '노후계획도시 특별정비계획 수립 지침'이 고시됐다. 각 지방자치단체는 이 계획을 토대로 개별 지구단위계획과 정비구역 지정 절차에 들어간다.

주요 방향은 노후 아파트 재건축과 공공임대

1기 신도시 특징

도시명	분당	일산	평촌	산본	중동
면적	1960	1570	510	420	550
주택 수	9.76	6.9	4.2	4.2	4.14
수용 인구	39	27.6	16.8	16.8	16.6

자료 국토교통부, LS증권 리서치센터, 단위 ㎡, 만 가구, 만 명

Section 2 | Best Places

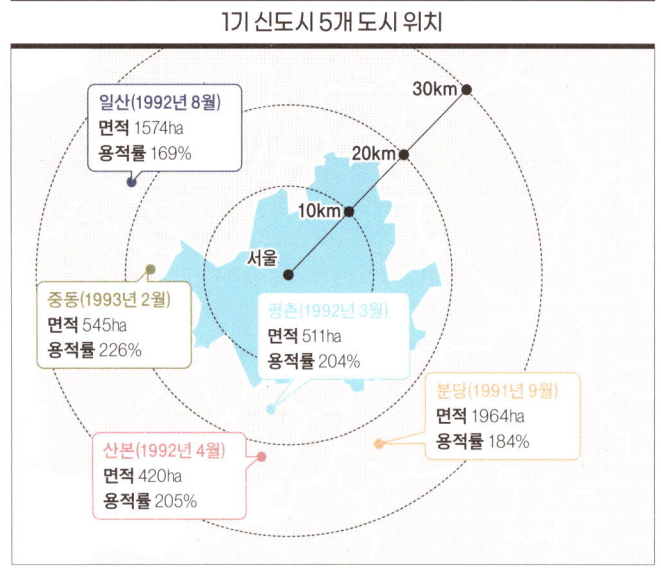

자료 국토교통부, LS증권 리서치센터

업 속도를 좌우할 변수다. 정부는 공공기여 완화, 인허가 통합 심의 등 절차 간소화로 속도를 내겠다는 방침이다.

1기 신도시 재정비는 단순한 아파트 재건축이 아니라, 수도권의 도시 구조를 30년 만에 재설계하는 대형 프로젝트다. 주거 환경을 개선하는 동시에 새로운 일자리·상업·문화 기능을 더할 수 있다면 1990년대의 성공적 신도시가 2050년대에도 지속 가능한 도시로 거듭날 수 있을 전망이다.

2기 신도시, 자족형 도시를 위해

2기 신도시는 2003년 참여정부 시절, 서울의 집값 급등을 억제하고 양질의 주택을 대량 공급하기 위해 추진됐다. 1기 신도시가 '베드타

혼합 개발, 간선급행버스체계(BRT)·GTX 등 광역교통망 연계 강화, 스마트시티·친환경 인프라 도입, 도시 중심부의 복합상업·업무지구 재편 등이다. 특히 분당과 일산은 자족 기능 강화형, 중동·평촌·산본은 생활 편의·교통 중심형으로 특화될 전망이다.

다만 과제도 많다. 고밀개발에 따른 교통·학교·상하수도 등 기반 시설 부담, 재건축 초과이익 환수제, 조합 간 이해 충돌 등은 향후 사

경기 성남시 오리역 일대에 들어설 제4테크노밸리 조감도.

2기 신도시 주요 지역별 조성 규모 및 입주 시기

도시명	조성 규모	최초 분양	최초 입주
성남 판교	2만9300	2006년 3월	2008년 12월
화성 동탄1	4만1500	2004년 6월	2007년 1월
화성 동탄2	11만6500	2012년 8월	2015년 1월
김포 한강	6만1300	2008년 8월	2011년 6월
파주 운정	8만8200	2006년 9월	2009년 6월
광교	3만1300	2008년 9월	2011년 7월
양주(옥정, 회천)	6만3400	2012년 10월	2014년 11월
위례	4만4800	2011년 11월	2013년 12월
고덕 국제화	5만7200	2017년 3월	2019년 6월
인천 검단	7만4700	2018년 10월	2020년 상반기

자료 국토교통부, 단위 가구

신(新)도시 분석

2기 신도시 주택 수와 수용 인구

도시명	면적	주택 수	수용 인구
성남 판교	890	2.93	8.8
화성 동탄1	900	4.15	12.6
화성 동탄2	2400	11.65	28.6
김포 한강	1170	6.13	16.7
파주 운정	1660	8.82	21.7
광교	1130	3.11	7.8
양주(옥정, 회천)	1120	6.34	16.3
위례	680	4.48	11
고덕 국제화	1340	5.72	14
인천 검단	1120	7.47	18.4
아산(탕정, 배방)	880	3.33	8.6
대전 도안	610	2.45	6.9

자료 국토교통부, LS증권 리서치센터, **단위** ㎡, 만 가구, 만 명

경기 화성시 동탄 신도시 전경.

운'으로 전락한 한계를 보완하고, 교통망과 일자리가 공존하는 자족형 도시를 만들겠다는 목표였다. 대표 신도시는 판교, 광교, 동탄, 위례, 운정, 청라, 검단 등이다.

도시별로 특화 전략을 달리했다. 판교는 IT 기업이 집적된 '테크노밸리'로 첨단산업 기능을 강화했고, 동탄은 산업단지와 상업시설을 결합한 복합도시로 설계됐다. 광교는 공공기관 이전을 통한 행정·업무 중심지, 위례는 친환경 주거단지로 개발됐다. 청라·검단은 인천경제자유구역과 연계해 국제 비즈니스 기능을 강화했다.

2008년 글로벌 금융위기 여파로 일부 지역은 미분양이 발생했지만, 이후 교통망 확충과 산업단지 입주가 본격화하면서 수요가 회복됐다. 2010년대 들어 대규모 입주가 이어지며 수도권 외곽의 주거 벨트가 완성됐다.

주택도시보증공사(HUG)에 따르면 2025년 7월 기준 전국 민간 아파트 평균 분양가는 3.3㎡당 2000만원을 넘어섰고, 수도권 2기 신도시는 2500만~3000만원대다. 특히 위례와 광교 등 서울 접근성이 좋은 지역은 가격 상승세가 가파르다.

다만 교통 인프라 미비는 여전한 약점이다. 김포골드라인처럼 입주 후 8년 만에 지하철이 개통된 사례도 있다. 자동차 의존도가 높고 서울 도심까지 통근 시간이 길다는 점은 1기 신도시와 비교되는 부분이다. 2기 신도시는 자족형 도시를 지향했지만, 완전한 정착까지는 시간이 더 필요하다는 평가다.

> 66
> 2기 신도시는 1기 신도시의 '베드타운' 한계를 보완하고 자족형 도시를 목표로 나섰지만, 교통 인프라가 미비해 완전히 정착하는 데 시간이 더 필요하다.
> 99

3기 신도시, 서울 접근성 좋아

2017년 2분기부터 서울 강남 3구(강남·서초·송파)와 한강 주변 자치구를 중심으로 집값이 급등하기 시작했다. 이에 정부는 2018년 8월 수도권에 주택 30만 가구를 공급하겠다고

3기 신도시 특징

지구명	남양주 왕숙	고양 창릉	하남 교산	부천 대장	인천 계양
면적	1134	813	649	343	335
주택 수	6.6	3.8	3.2	2	1.7
거리	3.5	0.7	2.2	연접	연접

※거리는 서울 경계 기준 **자료** 국토교통부, **단위** 만 ㎡, 만 가구, 만 명

발표했다. 그 일환으로 그해 9월 내놓은 것이 3기 신도시 개발계획이다. 이후 총 다섯 곳이 3기 신도시로 지정됐다. 경기 남양주 왕숙, 하남 교산, 고양 창릉, 부천 대장, 인천 계양이다. 이곳에 총 17만3000가구를 공급하기로 했다. 3기 신도시 외에 3000가구 이상 중규모 이상 택지지구도 지정했다. 경기 과천, 광명 시흥, 안산 장상, 화성 진안 등이다.

3기 신도시는 1·2기 신도시보다 서울 접근성이 좋은 게 특징이다. 2기 신도시는 성남 판교, 위례, 화성 동탄, 수원 광교, 파주 운정, 인천 검단 등이다. 대부분 서울과 물리적으로 떨어져 있어 대체 주거지 역할이 미흡했고, 서울 집중도를 분산하는 효과가 상대적으로 낮다는 평가를 받았다. 서울에서 가까운 위례 신도시와 판교 신도시 정도만 높은 인기와 함께 서울 대체 주거지 역할을 했다.

3기 신도시는 서울 경계와 매우 가까운 곳으로 정해졌다. 경기 남양주시 진접읍과 일패동 일대에 들어서는 남양주 왕숙은 서울 경계에서 3.5㎞ 떨어져 있다. 하남시 교산동 일대에 들어서는 하남 교산은 2.2㎞, 고양시 덕양구 원흥동 일대의 고양 창릉은 0.7㎞ 거리에 있다. 부천시 대장동 일대 부천 대장과 인천 계양구 귤현동 일대 인천 계양은 서울과 경계를 맞대고 있다.

GTX 등 광역 교통망을 대대적으로 건설하는 것도 3기 신도시의 특징이다. 2기 신도시가 서울과 멀 뿐만 아니라 입주 초기 서울로 가는 교통망이 제대로 갖춰지지 않아 주거 분산 효과가 크지 않았다는 반성에 따른 것이다. 3기 신도시는 지구 지정 제안 단계부터 GTX, 신안산선, BRT 등 교통 대책을 마련했다. BRT는

3기 신도시 지구별 추진 현황

지구	신도시 발표	지구 지정	토지 보상	지구계획	사전 청약	주택 착공/본청약	입주
인천 계양	2018년 12월 19일	2019년 10월 15일	2020년 12월~	2021년 6월	2021년 7월~	2026년까지 완료 예정	2026~2030년 예정
남양주 왕숙			2021년 12월~	2021년 8월	2022년 1월~		
하남 교산			2020년 12월~		2021년 11월~		
고양 창릉	2019년 5월 7일	2020년 3월 6일	2022년 6월~	2021년 11월	2022년 1월~		
부천 대장		2020년 5월 27일	2021년 11월~				

자료 국토교통부

신(新)도시 분석

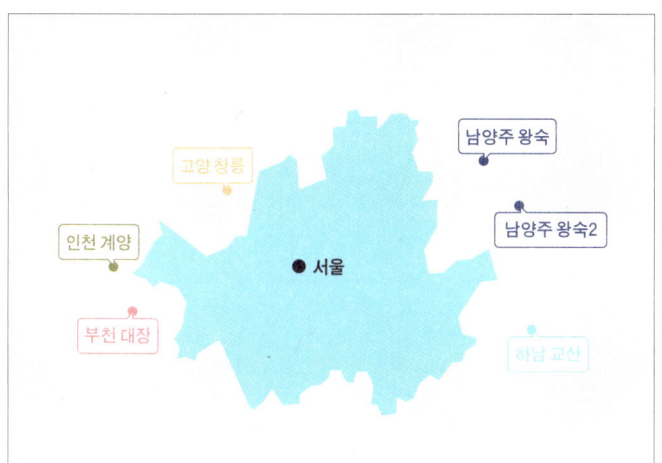

수도권 3기 신도시 위치

자료 LH

'땅 위의 지하철'이라 불리는 급행 버스다. 전용차로를 이용하는 것은 기존 버스와 같지만 '우선 신호'를 받고 '최단 직선 경로'로 운행해 도심과 외곽을 빠르게 오간다.

남양주 왕숙에는 GTX-B 노선이 들어선다. 서울역까지는 15분, 삼성역과 여의도역은 20분을 목표로 한다. 추가로 도로를 확장하고, 남양주 수석동과 하남시 선동을 잇는 수석대교를 지어 한강 이남 접근성을 높일 계획이다.

고양 창릉엔 2030년 말 준공을 목표로 GTX-A 노선 창릉역을 짓고 있다. GTX-A 노선은 이미 개통해 운행 중이라 역만 지으면 언제든 열차를 탈 수 있다. 서울역까지 10분이면 갈 수 있다. 서부선을 연장해 서울 은평구 새절역에서 고양시청까지 7개 역을 신설하는 방안도 논의되고 있다. 도로 교통은 서울 진입 때 병목 효과를 줄이기 위해 고양시 화

> 3기 신도시의 장점은 1·2기 신도시보다 좋은 서울 접근성과 GTX 등 광역 교통망을 갖춘 것이다.

랑로를 확장하고, 서울 수색로와 월드컵로를 입체화할 예정이다.

서로 인접한 인천 계양과 부천 대장은 서울 김포공항 및 마곡지구와 물리적으로 가까운 점을 고려해 BRT 중심의 도로 교통 개선에 집중하고 있다. 박촌역(인천 1호선)과 김포공항역(서울 5·9호선, 공항철도, 김포 골드라인, 서해선), 부천종합운동장역(서울 7호선, 서해선)에는 환승센터를 신설한다. 경명대로, 고강 나들목(IC), 서운 IC를 만들어 마곡지구와 사당역까지의 접근성을 높인다.

하남 교산은 서울 강남과 가까운 장점이 있다. 이곳으로 서울 지하철 3호선 연장이 추진된다. 서울 송파구 오금역(3·5호선)에서 4개 역이 생기고, 하남 교산 신도시 안에는 2개 역이 들어선다. 도로 교통도 개선한다. 서울~양평 고속도로, 동남로 연결도로, 황산~초이 간 도로 등을 만들 계획이다. 이를 통해 3기 신도시

경기 고양 창릉 A4 블록 조감도.

3기 신도시 조성 방안

역대 신도시 조성 방향

- **3기**
  - 쾌적한 정주 환경과 편의성 증진
  - 철도망 중심 대중교통 체계
  - 자족 기능과 산업생태계 조성
- **2기**
  - 수도권 거점 조성
  - 난개발 방지, 계획적 개발 유도
- **1기**
  - 인구 분산과 주택난 해소

3기 신도시 조성 계획

- 양질의 일자리로 가득 찬 도시
- 정시성을 갖춘 철도 중심의 광역교통 계획(GTX 연계)
- 생활이 편리한 스마트 도시
- 특색 있는 디자인 도시
- 서울에 인접한 입지와 우수한 접근성
- 우수한 보육·교육 환경의 아이 키우기 좋은 도시

자료 LH

는 모두 서울 주요 도심까지 30분 이내에 도달하는 것이 목표다.

과천·서울 서리풀 등도 관심

3기 신도시가 1·2기 신도시와 또 다른 점은 자족 용지 규모를 대폭 확대했다는 점이다. 일자리 없이 베드타운으로 전락하지 않도록 하기 위해서다. 인천 계양은 자족 용지가 전체 면적의 49%에 이른다. 고양 창릉(40%), 부천 대장(39%), 남양주 왕숙(32%), 하남 교산(29%) 등도 높은 편이다. 남양주 왕숙 도시첨단산업단지는 6000억 규모의 카카오 제2데이터센터와 우리은행 정보기술(IT) 센터 등을 유치하는 데 성공했다.

신도시 전체 면적의 3분의 1 이상을 공원으로 조성하는 등 친환경 도시를 목표로 한다. 모든 단지에 국공립 어린이집을 만들고, 유치원도 100% 국공립으로 운영할 계획이다.

신도시 공급의 관건은 속도다. 1기 신도시였던 분당, 일산, 중동, 평촌, 산본 등이 1989년 계획 발표 후 6~7년 지난 1995~1996년 준공했다. 당시 권위주의적인 정부가 앞뒤 안 가리고 밀어붙여 가능했던 일이다. 이후 신도시 조성은 조금 더 시간이 걸리고 있다. 3기 신도시도 정부는 공급을 서두르겠다고 했지만, 원래 일정보다 늦어지고 있다. 인허가와 토지 보상 작업이 차질을 빚는 데다 공사비가 급등한 탓이다. GTX 등 광역 교통망 건설도 사업비 증액 문제로 공사 시작이 지연됐다.

당초 2023년까지 본청약을 완료하고, 2025년부터 2028년까지 입주하는 것이 목표였다. 하지만 일정 지연으로 2024년 9월 인천 계양이 3기 신도시 중 첫 본청약을 받았다. 나머지는 2025년부터 본격적으로 본청약을 진행하고 있다. 입주는 가장 속도가 빠른 인천 계양이 2026년 12월 1100가구 예정돼 있다. 가장 진행이 느린 하남 교산은 2029년 상반기는 돼야 첫 입주가 가능할 것으로 전망된다.

신(新)도시 분석

우리나라 1·2·3기 신도시 특징 비교

구분	1기 신도시	2기 신도시	3기 신도시
시기	1990년대	2000년대	2020년대
핵심 기능	주거	주거	복합(주거+자족)
계획 방향	정주성 중시	친환경 및 자족성 중시	접근성 및 일자리 중시
서울시와 거리	20~25km 이내	30~40km 이내	10km 이내
형태	위성형	독립형	근접형
규모	대규모	중·대규모	중규모
평균 면적	1033ha	1169ha	688ha
인구밀도	중고밀(233인/ha)	중저밀(110인/ha)	중저밀(136인/ha)
광역 체계	기능 분산형(베드타운)	거점 육성형(자족 도시)	인계 확장형(전이 도시)

자료 국토교통부, LH, LS증권 리서치센터

3기 신도시는 1·2기 신도시와 달리 공공주택 특별법을 적용받아 전체 물량의 50% 이상을 공공주택으로 공급한다. 공공임대주택 35% 이상과 공공분양주택 25% 이하의 비율로 구성된다. 민간 분양은 50% 이하여야 한다. 분양가상한제를 기본 적용해 주변 시세보다 저렴하게 주택을 공급한다.

생애 최초 특별공급 물량도 늘렸다. 3기 신도시 내 공공주택의 25%, 민영주택의 15%를 생애 최초 주택 구입자에게 배정한다. 자격 조건도 완화해 도시 근로자 월평균 소득의 130%(맞벌이 140%) 이하면 해당 부문 특별공급에 청약할 수 있다.

기타 공공주택지구에도 관심을 가져볼 만하다. 과천 과천(1만 가구), 안산 장상(1만5000가구), 인천 구월2(1만8000가구), 화성 봉담3(1만 7000가구), 광명 시흥(7만 가구), 의왕·군포·

> 66
> 3기 신도시는 베드타운으로 전락하지 않기 위해 자족 용지 규모를 대폭 확대했다.
> 99

안산(4만1000가구), 화성 진안(2만 가구) 등이 3기 신도시와 함께 추진되고 있다. 과천 과천·주암·막계동 일대에 들어서는 공공택지지구는 신도시보다는 공급 규모는 작지만, 입지가 좋아 인기가 높다.

2024년에는 서울 서초구 서리풀지구(2만 가구), 경기 고양 대곡 역세권(9400가구), 의왕 오전·왕곡(1만4000가구), 의정부 용현(7000가구) 등이 추가 지정됐다. 서리풀지구는 서초구 원지동·신원동·염곡동·내곡동·우면동 일대로 221만㎡ 규모다. 2만 가구 중 55%인 1만1000가구는 신혼부부용 장기전세주택(미리내집)으로 공급한다. 이르면 2029년 청약 예정이다.

Reference

LS증권 <부동산 정책 리뷰와 관련주 점검> 보고서 내용을 참조했다.
보고서 전문은 LS증권이나 한국경제신문 '한경코리아마켓'에 접속하면 볼 수 있다.

Section 2 | Best Places

서울 정비 사업 가속도 붙었다
'압·여·목·성' 현황 전격 분석

'압·여·목·성'. 압구정, 여의도, 목동, 성수 등 서울 주요 재건축·재개발 현장을 일컫는 표현이다. 4개 구역 모두 최근 정비 사업에 속도를 내고 있어 부동산 업계의 관심을 받고 있다. 저마다 뚜렷한 특징과 장점을 갖고 있다. 압구정은 명실상부 '원조 부촌'이다. 여의도는 직주 근접과 한강 프리미엄이 돋보인다. 목동은 서울을 대표하는 학군지 중 하나이고, 사업 속도가 빠르다. 성수는 한강변 신흥 부촌으로 떠오르는 동네다. 구역별 사업 현황과 변수 등을 짚어본다.

'서울 대표 부촌' 압구정

'압구정 현대'로 대표되는 강남구 압구정동은 서울을 대표하는 부촌으로 꼽힌다. 한강과 접해 있다. 올림픽대교, 성수대교, 동호대교 진입이 쉽다. 학군과 백화점 등 인프라도 뛰어나 선망의 대상으로 여겨진다. 최근에는 6개 구역이 일제히 재건축을 추진하면서 관심이 더 커지고 있다.

① 압구정 재건축 본궤도

압구정 아파트지구는 1970~1980년대에 조성됐다. 미성, 현대, 한양아파트 단지 등으로 약 1만 가구 규모다. 한강을 접하고 있다. 한강 북쪽으로는 한남동, 성수동과 마주하고 동쪽은 청담동, 서쪽은 잠원동과 맞닿아 있다. 지하

강남구 압구정 재건축 현황

자료 NH투자증권

66
압구정동은 서울 대표 부촌으로 한강과 접해 있고, 올림픽대교와 성수대교, 동호대교 진입이 쉬우며 학군과 백화점 등 인프라도 뛰어나다.
99

철 3호선 압구정역과 수인분당선 압구정로데오역이 가깝다.

6개 구역 중 가장 주목받는 곳은 2구역과 3구역이다. 규모가 크고 사업 속도도 빨라서다. 2구역은 신현대 9·11·12차로 구성돼 있다. 1924가구 규모다. 최고 65층, 2571가구로 재건축을 추진한다. 2025년 9월 우선협상자였던 현대건설을 시공사로 최종 선정했다. 현대백화점 압구정 본점이 맞닿아 있다. 3호선 압구정역도 가깝다.

3구역은 압구정 지구에서 규모가 가장 크고, 중심에 있어 재건축 후 미래가치가 기대된다는 평가가 나온다. 2025년 10월 서울시 도시계

서울 일급지 전망

획위원회 수권분과소위원회를 통과했다. 현대 1~7·10·13·14차, 대림빌라트 등으로 구성된 압구정 3구역(3934가구)은 용적률 300%를 적용해 5175가구(임대주택 641가구 포함)의 '매머드급 단지'로 바뀐다. 최고 높이는 250m(70층 내외)로 계획됐다. 랜드마크 2개 동으로 제한됐지만 여의도 63빌딩(249m)과 맞먹는 수준까지 높이를 올릴 수 있는 셈이

다. 나머지 주동들은 200m 이하(50층 이하)로 선보인다.

② 빠른 압구정 4·5구역 재건축 속도

4구역(현대 8차, 한양 3·4·6차)은 2구역 다음으로 속도가 빠르다. 기존 1341가구 규모에서 1664가구로 재건축을 추진하고 있다. 2026년 상반기 시공사를 선정할 예정이다. 5구역(한

강남구 압구정 재건축 사업 개요

구분		1구역	2구역	3구역	4구역	5구역	6구역
해당 단지		미성 1·2차	신현대 (현대 9·11·12차)	현대 1~7·10·13·14차, 현대 65동, 대림빌라트	현대 8차, 한양 3·4·6차	한양 1·2차	한양 5·7·8차
기존 규모		1233가구	1924가구	3934가구	1341가구	1232가구	672가구
사업진행현황		추진위원회 승인	조합설립인가 (정비계획 확정)	조합설립인가 (정비계획 확정)	조합설립인가 (정비계획 확정)	조합설립인가 (정비계획 확정)	(한양 7차) 조합설립인가
사업계획	향후 추진 일정	2026년 상반기 조합설립	2025년 9월 시공사 선정	2026년 시공사 선정	2026년 상반기 시공사 선정	2026년 상반기 시공사 선정	-
	규모	미정	2571가구	5175가구	1664가구	1401가구	미정
	최고 층수	미정	70층	70층	69층	70층	미정
	추정비례율	-	61.11%	61.35%	66.57%	69.06%	-
사업 특징		○1차 대지지분이 크고 용적률이 낮음 ○중학교 인접	○신속통합기획 진행 ○압구정 구역 중 가장 빠른 속도로 진행 중 ○현대백화점 인접	○신속통합기획 진행 ○압구정 구역 중 가장 큰 규모 ○초·중·고 모두 인접	○신속통합기획 진행 ○2구역 다음 빠른 속도 ○갤러리아백화점 인접	○신속통합기획 진행 ○압구정로데오역 역세권 ○갤러리아백화점 인접 ○단지 내 상가 없음	○초·중·고 모두 인접 ○압구정로데오역 역세권 ○단지 내 상가 없음
사업 이슈		○1차 단독 재건축 추진을 위해 소송 진행 → 법원 '특별구역 분할 없이 단독 불가' 판정	○현대건설, HDC현대산업개발, 현대그린푸드 토지 지분 정리 필요	○서울시, 현대건설, HDC현대산업개발 토지 지분 정리 필요	○5구역과 연결되는 입체조망데크 공원 조성 예정	○BS한양 등 토지 지분 정리 필요 ○4구역과 연결되는 입체조망데크 공원 조성 예정	○재건축 추진 방향을 두고 각 단지별로 이견 ○한양 7차 아파트만 조합설립인가

자료 NH투자증권

Section 2 | Best Places

양 1·2차)도 최근 정비계획이 확정됐다. 1233가구 규모의 1구역(미성 1·2차)은 용적률과 대지 지분 차이로 다소 속도가 더디다. 미성 1차가 단독재건축을 추진하기 위해 소송도 진행했지만 법원이 '특별구역 분할 없이 단독 불가' 판정을 내렸다. 6구역(한양 5·7·8차)은 672가구로 규모가 작은 편이다. 압구정로데오역 역세권으로 단지 내 상가가 없다는 점이 특징이다. 다만 재건축 추진 방향을 두고 단지별로 이견이 있는 상황이다.

③ 토지소유권·덮개공원 등이 복병

등기상 소유권이 불분명한 필지로 논란이 됐다. 3구역은 서울시와 현대건설, HDC현대산업개발이 보유한 땅이 확인됐다. 5구역은 BS한양 명의의 대지지분이 발견됐다.
한강덮개공원도 문제다. 한강유역청에서 2020년에 수립된 '한강(팔당댐~하구) 하천기본계획'에 부합하지 않는다며 반대하고 있어서다. 덮개공원이 무산되면 정비계획 변경, 건축심의 등의 절차를 다시 받아야 하는 문제가 생길 수 있다.

'직주근접·한강 프리미엄' 여의도

서울 영등포구 여의도는 국내 3대 업무지구다. 특히 급여 수준이 높은 금융기관이 밀집해 있고 한강과도 접해 있다. 직주근접과 한강 접근성이 여의도 아파트의 가장 큰 매력 포인트로 꼽힌다. 더현대 서울과 여의도공원, 여의도성모병원 등 각종 인프라도 잘 갖춰져 있다. 지하철 5·9호선에 더해 신안산선, 수도권광역급행철도(GTX)-B 등 교통 호재도 안고 있다. 여

여의도 일대 아파트지구 지구단위계획(정비계획 미수립 지구 포함)

자료 서울시, NH투자증권 Tax센터

의도엔 1970년대 조성된 총 16개 단지가 있다. 지구단위계획을 통해 용적률 800%까지 가능해지며 '초고층 재건축'에 속도가 붙고 있다.

① 한강 조망·초고층 경쟁

속도가 가장 빠른 사업장은 대교다. 2025년 8월 여의도에서 처음으로 사업시행인가 문턱을 넘었다. 정비사업 '8부 능선'이라 불리는 단계다. 대교는 현재 576가구에서 49층, 912가구로 재탄생한다. 글로벌 디자인·건축 회사 헤더윅스튜디오가 특화설계를 맡는다. 대교 바로 옆에 있는 한양(현재 588가구)은 현대건설의 프리미엄 브랜드인 '디에이치' 아파트로 탈바꿈한다. 56층, 992가구로 새로 태어날 예정이다. 대교·한양과 같은 구역에 있는 화랑(160가구)과 장미(196가구)가 있다. 한강 조망이 가능하다. 하지만 단지 규모가 작고 재건축 초기 단계 상황이다.
시범(1548가구)은 여러 특징을 갖고 있다. 여

서울 일급지 전망

영등포구 재건축 현황

구역	구분	특징
1	삼부	큰 평균 대지지분
	목화	조합설립 1호
	대교	사업시행인가 1호
2	화랑	한강 조망권
	장미	한강 조망권
3	한양	시공사 현대건설 선정
4	시범	최대 규모, 용적률 가장 낮음
5	삼익	입체공원 조성
6	은하	입체공원 조성
7	광장 3~11동	평균 대지지분 큰 편
8	광장 1~2동	샛강공원 인접
9	미성	여의도역 역세권
상업지역 재건축 단지	서울	여의나루역 역세권
	공작	시공사 대우건설 선정
	수정	오피스 권역 근접
	진주	샛강 근접

자료: 정비업계, NH투자증권

> 66 여의도는 직주근접과 한강 접근성, 각종 인프라가 잘 갖춰진 매력적인 곳이며, 지하철 5·9호선과 신안산선, 수도권광역급행철도(GTX)-B 등 교통 호재도 안고 있다. 99

축된다. 입체공원이 설치되는 게 특징이다.

② 삼부·광장·진주 '잇단 시동'

삼부(866가구)도 미래가치 기대감이 높은 단지다. 시범 다음으로 큰 1788가구 대단지로 거듭날 계획이다. 대지지분이 평균 72㎡로 높은 편이라 사업성 측면에서 유리하다는 평가를 받는다. 여의나루역 역세권인 목화(312가구)는 60층까지 층수를 올릴 전망이다. 단지 규모가 423가구로 불어난다. 인근 아파트인 공작은 2023년 일찌감치 대우건설을 시공사로 선정했다. 기존 373가구에서 49층, 570가구로 재건축된다. 수정(329가구)도 사업이 본궤도에 올랐다. 49층, 498가구로 변신을 꾀한다. 여의도역 역세권인 광장은 두 개 구역으로 나뉘어 재건축을 추진해 눈길을 끈다. 여의나루로 북쪽에 있는 3~10동(28번지·576가구)은 최고 200m, 1391가구로 탈바꿈할 예정이다. 남측 1~2동(38-1번지·168가구)은 400여 가구로 몸집을 불릴 전망이다. '스타 건축가' 유현준 교수가 설계에 참여해 화제가 된 단지다. 미성(577가구)은 여의도역과 바로 붙어 있는 데다 평균 대지

의도에서 규모는 가장 크고, 용적률(172%)은 가장 낮다. 한강과도 접해 있다. 65층, 2473가구 규모로 재건축을 추진 중이라 '랜드마크' 기대감이 높다. 기부채납 시설을 둘러싸고 서울시와 갈등을 빚었으나 데이케어센터를 수용하면서 사업이 순항하고 있다. 시범 옆에 있는 삼익(360가구)과 은하(360가구)도 최근 정비계획 밑그림이 공개됐다. 각각 최고 200m 높이의 672가구(은하), 630가구(삼익)로 재건

여의도 재건축 사업이 가장 빠르게 진행되고 있는 대교 재건축 조감도.

Section 2 | Best Places

지분이 큰 편인 게 장점으로 꼽힌다. 샛강역과 가까운 진주(376가구)도 속도를 내고 있다. 최고 57층, 578가구로 재탄생할 예정이다.

③ 높은 공사비가 관건

여의도의 입지 경쟁력은 매우 좋은 편이다. 다만 초고층 재건축은 공사비가 높다는 게 향후 관건으로 꼽힌다. 조합원의 분담금 부담이 커질 수 있어서다. 예컨대 대교의 공사비는 3.3㎡당 1120만원으로, 압구정 2구역(1150만원)과 맞먹는 수준이다. 은하와 삼익의 추정비례율(개발이익률·정비사업 후 자산가치를 종전 자산가치로 나눈 비율)은 90%대 초반으로 높지 않은 편이다.

'재건축 모범생' 목동신시가지

서울 양천구 목동신시가지는 '재건축 모범생'으로 통한다. 주민 단합이 잘될 뿐 아니라, 서울시와 자치구 등 인허가권자와도 원만하게 협의하기 때문이다. 서울 정비사업장 기준 인허가 첫 관문인 정비구역 지정까지 보통 5년 걸린다. 하지만 목동 14개 단지는 이 절차를 단 평균 1년 9개월 안에 마무리했다. '속도가 곧 사업성'이란 측면에서 목동 재건축 프로젝트의 미래가치가 기대된다는 평가가 나온다.

① 49층 초고층 단지 줄줄이

목동신시가지는 총 14개 단지로 구성돼 있다. 1~7단지는 목동에, 8~14단지는 신정동에 속해 있다. 1985년부터 1988년까지 차례로 입주했다. 현재 2만6629가구가 거주 중이다. 목동은 강남구 대치동, 노원구 중계동과 더불어 서울

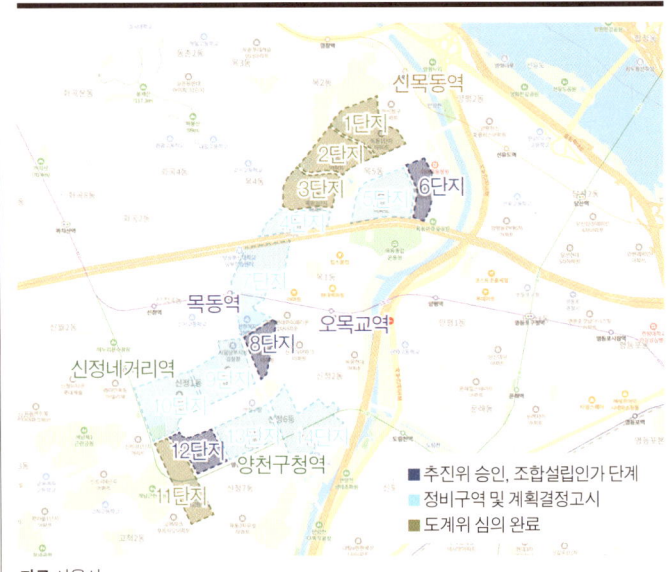

양천구 목동신시가지 재건축 현황

자료 서울시

> 목동은 서울 '3대 학군지' 중 하나로, 수도권 지하철 5호선이 통과하며 2호선과 9호선 접근성도 뛰어나다. 경전철 목동선이 추진되고 있어 서울 서남권 핵심 주거입지를 갖췄다.

'3대 학군지'로 불린다. 중심 교통망은 수도권 지하철 5호선이고, 2호선과 9호선 접근성도 뛰어나다. 경전철 목동선이 추진되고 있다. 서울 서남권의 핵심 주거입지를 갖췄다. 14개 단지 재건축이 모두 완료되면, 4만7438가구 규모로 탈바꿈하게 된다.

가장 관심이 큰 곳은 6단지다. 안전진단, 정비구역 지정 등 절차를 14개 단지 중 가장 처음으로 통과했다. 2025년 5월엔 '조합설립 1호' 타이틀을 꿰찼다. 접수를 한 지 단 6일 만에 인가를 받아 정비업계의 큰 주목을 받았다. 속도가 가장 빠르다는 점에서 '선점 효과'도 적지 않게 누릴 전망이다. 이대목동병원과 초중고(경인초, 양정중·고)가 맞붙어 있다. 6단지는 최고 49층, 2173가구로 재건축된다.

'스펙'만 놓고 보면 7단지와 5단지가 돋보인다

서울 일급지 전망

양천구 목동신시가지 재건축 사업 개요

구분	규모(재건축 후)	특징	사업진행현황
1단지	3500	신목동역 역세권, 초품아	도계위 심의 완료(2025.10.01)
2단지	3389	초품아, 학원가 인접	도계위 심의 완료(2025.10.01)
3단지	3317	초품아, 학원가 인접	도계위 심의 완료(2025.10.01)
4단지	2436	백화점 등 중심상권 인접	정비구역 결정(2025.08.07)
5단지	3930	현재 용적률이 가장 낮음	정비구역 결정(2025.06.18)
6단지	2173	재건축 속도 가장 빠름	조합설립인가(2025.05.22)
7단지	4341	목동역 역세권 중심 입지	정비구역 결정(2025.09.04)
8단지	1881	목동역·학원가 인접, 초품아	추진위 승인(2025.09.11)
9단지	3957	학원가 인접, 초품아	정비구역 결정(2025.07.31)
10단지	4050	신정네거리역 인접	정비구역 결정(2025.07.31)
11단지	2679	초품아, 목동선 호재	도계위 심의 완료(2025.09.01)
12단지	2810	학원가 인접, 목동선 호재	추진위 승인(2025.09.11)
13단지	3852	양천구청역 역세권	정비구역 결정(2025.03.13)
14단지	5123	목동 내 최대 규모	정비구역 결정(2025.03.06)

자료: 서울시, NH투자증권, **단위** 가구

② 14개 전 단지 속도전

목동 1~3단지는 2025년 10월 정비계획이 확정됐다. 속도가 가장 늦어 '마지막 퍼즐'이라 불렸다. 이 단지들은 제2종 일반주거지역에 속한다. 나머지 단지들은 모두 3종이다. 종 상향 문제로 우여곡절을 겪었다. 양천구가 종 상향 대가로 개방형 녹지 공간인 '그린웨이'를 제시하며 문제를 풀었다. 1단지(3500가구)와 2단지(3389가구), 3단지(3317가구) 모두 3000가구가 넘는 대단지로 조성된다. 최고 층수는 모두 49층이다. 목동 4단지는 49층, 2436가구로 재탄생된다.

목동 8단지(1881가구로 재건축)는 '뒷단지'(8~14단지) 중에서 목동역 접근성이 가장 좋은 편이다. 나머지 단지들은 2호선 양천구청역이나 신정네거리역이 비교적 가깝다. 다만 2호선 지선인 점이 아쉬운 대목으로 꼽힌다. 신서초교와 서울남부지방법원·검찰청이 가까운 9단지(3957가구)는 '초품아(초등학교를 품은 아파트)'에 '법조 단지'로 불린다. 10단지와 11단지는 각각 4050가구, 2679가구로 재건축된다. 12단지(2810가구)는 뒷단지 중 용적률(119%)이 가장 낮다.

13단지(3852가구)는 양천구청역 역세권이지만 용적률(159%)이 다소 높은편이다. 하지만 신탁 방식으로 재정비를 추진 중인 8개 단지(1·2·5·9·10·11·13·14단지) 중 2025년 10월 최초로 사업시행자 지정을 마쳤다. 5123가구로 재탄생하는 14단지는 목동신시가지 중 규모가 가장 크다. 목동 재건축의 변수론 국제민간항공기구(ICAO)의 고도 제한 기준 개편이 꼽힌다. 2030년까지 사업시행인가를 마치

는 평가가 적지 않다. 7단지는 목동역 역세권이다. 학원가와 백화점 등 인프라를 가장 쉽게 누릴 수 있어 목동신시가지의 시세를 리딩하는 아파트로 통한다. 49층, 4341가구로 변신한다. '앞단지'라 불리는 1~7단지 중에서 규모도 가장 크다. 5단지는 현재 용적률이 116%로 목동신시가지에서 가장 낮다. NH투자증권은 대형 평형이 많고 대지지분이 커서 사업성 측면에서 유리할 것으로 내다봤다. 5단지는 49층, 3930가구로 재건축을 추진 중이다.

Section 2 | Best Places

면 고도제한(45~90m)에서 자유롭다는 게 서울시 입장이다.

'관심도 상승' 성수전략정비구역

'압·여·목·성' 중 하나인 서울 성동구 성수전략정비구역은 서울 재개발 시장에서 가장 관심을 끄는 곳 중 하나다. 강남 등 업무지구와 접근성이 좋은 데다 서울숲과 한강 등이 가깝기 때문이다. 한강변 대규모 주거단지가 새롭게 조성되는 만큼 투자자 등 업계의 눈길이 쏠리고 있다.

① 한강변 입지에 강남도 가까워

성수전략정비구역은 2025년 초 정비계획까지 확정되면서 재개발이 본격적으로 추진될 것이란 기대가 커졌다. 성수전략정비구역은 성수동1가 72-10 일대의 총 4개 지구로 구성돼 있다. 총 55개 동, 9428가구(임대주택 2004가구 포함)의 공동주택이 들어서는 재개발 정비사업구역이다. 앞으로는 한강, 뒤로는 성수동 카페거리가 자리하고 있다. 바로 옆에는 초고가 아파트로 유명한 트리마제, 길건너에는 서울숲이 있다.

성수전략정비구역은 1지구부터 4지구까지 모든 구역이 평지다. 여기에 영구적으로 한강 조망이 가능하다는 점은 큰 매력이다. 성수 1지구는 성수전략정비구역 중 입지가 가장 좋다는 평가를 받는다. 트리마제 바로 옆으로 서울숲이 가깝고, 강남 접근성이 좋아서다. 또 일반분양 비율이 높아 사업성도 좋다는 분석이다. 성수 2지구와 성수 3지구는 강변북로 지하화에 따른 한강수변공원의 수혜를 볼 것

성동구 성수전략정비구역 재개발 현황

자료 NH투자증권

250m

2024년 11월 25일 서울시 도시계획위원회는 최고 높이를 250m까지 허용했고, 기본 층수도 50층 이상 건축이 가능하게 했다.

으로 기대된다. 뚝도시장이 포함돼 사업 속도에 영향을 받고 있다. 성수 4지구는 조합원 수가 적어 사업 속도나 사업성 측면에서 유리하다는 평가를 받는다. 영동대교를 통한 강남 접근성도 강점으로 꼽힌다.

② 최고 250m 초고층 허용

서울시는 2009년 4월 해당 사업지를 지구단위계획구역으로 지정했다. 2011년 4월에는 주택재개발 정비구역으로 지정·고시했다. 이때 정비계획상 처음으로 최고 층수를 50층으로 허용하는 계획을 수립해 주목받았다. 하지만 2014년 서울시에서 수립한 '2030 서울도시기본계획'에 따라 일반주거지역의 최고 높이를 35층으로 제한하면서 사업 추진에 제동이 걸렸다. 4개 지구에서 정비사업이 동시에 시행되어야 조성이 가능한 대규모 기반 시설이 많은 데다 높은 부담률, 높이 규제는 장기간 사업 지연으로 이어졌다.

서울 일급지 전망

성동구 성수전략정비구역 재건축 사업 개요

구분	부지면적	규모(재개발 후)	특징
1지구	19만4398㎡	최고 69층, 3014가구	서울숲 인근, 강남 접근성
2지구	13만1980㎡	최고 65층, 2609가구	한강수변공원 수혜
3지구	11만4198㎡	최고 50층 이상, 2213가구	한강수변공원 수혜
4지구	8만9828㎡	최고 60층 이상, 1592가구	영동대교 접근성

자료: 서울시, NH투자증권

2023년 6월 서울시가 4개 지구별로 사업 추진이 가능하도록 성수전략정비구역 지구단위계획 변경안을 마련하며 숨통이 트였다. 2024년 11월 25일 서울시 도시계획위원회에서 주동의 최고 높이를 250m까지 허용함으로써 기존 50층보다 높은 건축물을 계획할 수 있게 됐다.

이번 정비계획에 따라 최고 250m의 초고층 건물(랜드마크동)이 포함된다. 기본 층수도 50층 이상 건축이 가능하다. 용적률은 준주거지역 최대 500%, 기타 지역 300%가 적용된다. 한강과 서울숲을 연결하는 선형공원 2개소 등이 조성될 예정이다.

성수전략정비구역 내 공동주택뿐만 아니라 다양한 문화·편의시설이 들어선다. 누구나 문화, 휴식, 조망 등 다양한 활동을 즐길 수 있도록 단지 내 입체 데크를 만들고, 강변북로를 덮는 수변문화공원을 조성할 계획이다. 수변문화공원은 길이 960m, 면적 3만9955㎡ 규모다. 보행 연결 데크 및 한강 보행연결 브리지를 통해 한강과의 높낮이 차를 극복하고 일반 시민들의 한강 보행 접근성을 높인다.

수변문화공원 아래에는 2개 층, 5만6198㎡ 규모의 주차장을 만든다. 성수역에서 한강까지 이어지는 성수이로 축을 기준으로 연면적 약 1만㎡에 3개 층 규모의 수상 문화시설을 조성한다는 계획이다.

③ 시공사 선정 등 잡음도 여전

지구별로 시공사 선정 등 사업에 속도를 내고 있지만 잡음도 여전하다. 성수 1지구 재개발조합은 2025년 9월 시공사 선정 과정에서 특정 건설사의 조합원 접촉과 선물 제공, 조합원 명의를 도용한 댓글 작성 등 각종 잡음이 발생하며 논란이 계속되자 입찰공고를 취소했다.

성수 2지구도 잡음이 생기고 있다. 2025년 9월 열린 현장설명회 이후 삼성물산-포스코이앤씨-DL이앤씨 3파전이 예상됐지만 10월 시공사 1차 입찰에 단 한 곳의 건설사도 참여하지 않아 유찰됐다. 시공사가 정해지면 다른 지구보다 빠르게 재건축 사업이 진행될 수 있다.

> 66
> 성수전략정비구역 지구별로 잡음도 여전하다. 시공사가 정해진다면 다른 지구보다 빠르게 재건축 사업이 가능하다.
> 99

왼쪽부터 서울 성동구 성수전략정비구역 명소화 아이디어 공모전에서 최우수상을 받은 '지평의 공원', '성수 온 클라우드 나인', '웨이브 오브 한강'.

Reference

NH투자증권의 〈압구정 재건축 심층분석〉, 〈여의도 재건축 심층분석〉, 〈목동 재건축 심층분석〉, 〈성수동 심층분석〉 보고서 내용을 참조했다.

인천 청라가 양주보다 호재 지역인 까닭

표찬 싸부원 대표
부동산 투자 및 교통 인프라 분석 전문가. 특히 수도권광역급행철도(GTX)를 비롯한 교통 호재가 부동산 시장에 미치는 영향을 전문적으로 분석하고 있다. 유튜브 채널 '싸부TV'도 운영하면서 유용한 정보를 공유하고 있다.

철도 건설은 부동산 시장에서 가장 큰 호재 중 하나다. 하지만 교통 프로젝트는 불확실성이 크다. 완공까지 10년 넘게 걸리는 경우가 대부분이다. '00선 호재'란 홍보 문구를 믿고 분양받았는데, 해당 노선이 경제성 등의 문제로 좌초되는 사례도 있다. 제9회 전국동시지방선거(2026년 6월 3일)와 5차 국가철도망 구축계획 발표(2025년 12월)를 앞두고 당분간 철도 사업을 둘러싼 관심이 커질 전망이다. 부동산 교통 전문가인 표찬 싸부원 대표가 올바른 역세권 투자를 위해 반드시 알아둬야 할 사항들을 소개한다.

> 역세권 호재만 믿고 투자하면 안 된다. 주변에 재건축·재개발 등 연계 호재가 있는지 살펴라.

반경 500m 이내가 역세권

표 대표는 역세권 투자와 관련해 5가지 투자 원칙을 제시했다. 가장 중요한 건 부동산 시장에 대한 이해다. 아무리 교통 호재가 뛰어나더라도 전체 시장 상황이 좋지 않으면 가격이 오르기 힘들다는 의미다. 지하철과 일반열차도 구분해야 한다. 지하철이 들어서는 동네라면 아파트 투자가 적합하다. KTX나 ITX 등이 깔린다면 토지와 상권의 변화를 살펴보는 게 좋다. 역세권은 '반경 500m'를 말한다. 지금 당장은 조금 비싸더라도 지하철역에서 500m 안에 있는 아파트를 사는 게 미래가치 측면에서 유리하다. 참고로 수도권광역급행철도(GTX)는 일반열차가 아닌 지하철 범주에 속한다.

노선과 차량, 운행 횟수 등도 잘 따져봐야 한다. 먼저 서울 강남권으로 향하는 노선이면 높은 프리미엄을 기대할 수 있다. 차량은 4량 이상 중형으로 배치되면 좋다. 운행 횟수는 하루 편도 기준 120회는 다녀야 효용이 크다. 예컨대 7호선 인천 청라 연장 구간의 운행 횟수는 150여 회지만, 양주 연장 구간은 70여 회 수준이다. 같은 7호선 연장이라도 출퇴근 편의성이 다를 수밖에 없다. 역세권 하나만 보고 투자하면 안 된다. 주위에 재건축·재개발 등 연계 호재가 있는지도 살펴봐야 한다. 투자 타이밍도 중요하다. 철도 프로젝트는 구

역세권 투자 5대 원칙

1	부동산 시장을 면밀히 살펴봐야 한다
2	지하철과 일반열차를 구분해야 한다
3	역세권은 반경 500m를 말한다
4	노선, 차량(편성), 운행 횟수가 중요하다
5	정비사업 등 인근 개발 호재를 함께 살펴야 한다

자료 표찬 싸부원 대표

역세권 투자

상, 예비타당성 조사, 기본계획, 기본·실시설계, 공사, 운행 등의 단계를 거친다. 교통 호재는 시장 가격에 선반영된다. 개통 시기는 이미 가격이 '꼭지'라는 얘기다. 실제로 2024년 GTX-A 노선이 개통한 이후 경기 화성 동탄이나 파주 운정 등의 집값이 생각보다 안 올랐다. 하지만 마냥 사전 투자하기에도 리스크가 따른다. 당초 구상과 달리 노선이 바뀌거나 사업 자체가 엎어질 가능성이 있어서다. 현실 가능성이 높은 철도 추진 프로젝트를 가려낼 수 있는 안목이 중요한 배경이다.

GTX-B는 송도, C는 창동 주목

표 대표는 주목해야 할 노선으로 먼저 GTX-B와 C 노선을 꼽았다. GTX-B는 인천 송도를 출발해 여의도, 용산, 서울역, 청량리 등을 거쳐 남양주와 춘천까지 이어지는 노선이다. B 노선의 핵심 수혜지는 인천 송도라는 게 표 대표의 진단이다. 인천 연수구에 청학역 신설 논의가 진행 중인 점도 주목할 만하다. 송도에 비해 가격이 저렴하기 때문이다. 다만 남양주

역세권 투자 유망 지역으로 주목해야 할 GTX-B

자료 국토교통부

GTX-B 노선의 핵심 수혜지로 꼽히는 인천 송도.

등 동쪽 지역은 'GTX 프리미엄'이 상대적으로 덜할 것으로 내다봤다. 이유는 운행 횟수에 있다.

용산역 동쪽에서는 KTX 등 일반열차와 노선을 함께 쓰기 때문이다. '트래픽 포화' 문제로 GTX가 자주 다니지 못할 수 있다는 걸 염두에 둬야 한다. '1기 GTX' 중 A 노선은 이미 운행하고 있고, B 노선은 공사 중이다. 하지만 C 노선은 2024년 1월 착공식을 열었지만, 공사비 문제로 2년 가까이 실제 첫 삽을 못 뜨고 있다. 사업이 좀처럼 속도를 내지 못하면서 C 노선이 끝내 좌초하는 것 아니냐는 우려도

Section 2 | Best Places

역세권 투자 유망 지역으로 주목해야 할 GTX-C 노선

자료: 국토교통부

나온다. 하지만 국가사업으로 확정된 GTX-C 노선 정도의 프로젝트는 사업 지연은 있더라도, 결국 본궤도에 오를 것이란 게 표 대표의 예측이다. 오히려 착공 지연으로 실망 매물이 나오고 있는 지금이 투자 적기가 될 수 있다고 조언했다.

그렇다면 GTX-C 노선 관련 투자 유망 지역은 어디일까. 표 대표는 서울 창동, 광운대, 청량리와 경기도 인덕원, 금정 등을 제시했다. 연계 개발 호재가 있다는 공통점이 있다. 예컨대 창동역 인근에는 K-팝 전용 공연장, 로봇박물관, 차량기지 이전 등 각종 개발이 추진되

> 돈이 될 수 있는 주요 노선을 고른 뒤 단기·중기·장기 계획을 세우는 게 역세권 투자의 핵심이다.

고 있다. 잠실, 용산과 더불어 창동 일대가 서울 마이스(MICE) 산업 '3대 축'으로 떠오를 것이란 기대가 나온다.

광운대역 근처에서도 역세권 개발, '미·미·삼(미성·미륭·삼호3차)' 재건축 등 정비사업이 활발하다. 청량리 인근에서도 재건축·재개발이 여럿 진행되고 있다. 이미 역 근처에 고층 아파트가 많이 들어섰다. 인덕원, 금정 인근도 마찬가지다. 금정역 일대는 낙후한 이미지가 강했다. 하지만 각종 개발사업과 GTX가 겹치면 시너지가 상당할 것으로 풀이된다. GTX-C 노선은 과천(정부과천청사역)도 지난다. 과천도 입지 경쟁력이 매우 우수하긴 하지만, 가격이 많이 오른 게 관건이다.

3·9호선 연장사업 수혜지는

'2기 GTX'인 D 노선도 시장에서 큰 관심을 끌고 있다. 5차 국가철도망 계획에 반영될 공산이 크다. 윤석열 정부는 '더블 Y'자 형태의 노선을 제시했다. 김포 장기와 인천공항에서 각각 출발해 사당, 강남 등을 지나 삼성역에서 하남 교산과 강원 원주로 분기하는 형태다. 하지만 실제로 이 노선이 관철될지는 지켜봐야 한다는 시각이 있다. 막대한 사업비를 감당할 수 있겠느냐는 지적이다.

GTX 프로젝트 이외에도 3·7·9호선 연장사업도 부동산 시장에 큰 영향을 미칠 전망이다. 3호선 하남 연장의 수혜지는 단연 교산신도시다. '강동하남남양주선'이라 불리는 9호선 남양주 연장선은 2024년 말 기본계획이 승인됐다. 남양주 왕숙과 진접, 하남 미사 등 여러 택지지구를 관통한다. 9호선은 일반과 급행열차

역세권 투자

주목해야 할 주요 수도권 철도 프로젝트

구분	사업 형태	개통 예정
GTX-A	민자(BTO)	2024년 3월
GTX-B	민자(BTO)	2031년
GTX-C	민자(BTO)	2031년
GTX-D	민자(BTO)	2036년
3호선 하남 연장	광역철도	2033년
5호선 김포 연장	광역철도	-
7호선 청라 연장	광역철도	2027년
7호선 양주 연장	광역철도	2027년
9호선 강일 연장	서울도시철도	2029년
9호선 남양주 연장	광역철도	2032년
동탄인덕원선	재정사업	2030년
월곶판교선	재정사업	2028년
신안산선	민자(BTO)	2027년
신분당선 호매실 연장	민자(BTO)	2030년
대장홍대선	민자(BTO+L)	2031년
과천위례선	민자(BTO)	2034년
동북선	서울도시철도	2028년
위례신사선	서울도시철도	2033년
서부선	서울도시철도	2033년
고양은평선	광역철도	2033년

자료 싸부원

2027년 준공 예정인 창동역 인근 K-팝 전용 공연장 '서울 아레나'.

가 약 1 대 1 비율로 운행한다는 특징을 갖고 있다. 그런데 표 대표에 따르면 9호선 남양주 구간은 급행열차만 운행하게 된다. 즉 전체 열차의 절반만 다니는 만큼 효과가 반감될 수 있다는 얘기다. 반면 하남 신미사역(가칭)까진 급행과 일반열차 모두 운행할 가능성이 높아, 신미사역 인근이 가장 큰 수혜를 볼 수 있다는 판단이다.

경기 부천 대장지구와 서울 홍대입구역을 잇는 대장홍대선도 효용이 큰 노선으로 꼽힌다. 부천의 구도심에 속하는 오정역 일대가 큰 변화를 맞을 것으로 보인다. 수도권 남부에선 과천위례선에 대한 기대도 높다. 현재 개발이 진행되고 있는 과천지구에 큰 도움이 되는 노선이다. 하지만 위례신도시 주민한텐 그다지 효용이 없을 것으로 분석된다. 위례신도시의 교통 대책으로 추진된 위례신사선은 17년째 착공조차 못 하고 있다. 그러나 사업 성격을 볼 때, 결국엔 진행될 수밖에 없는 프로젝트라는 판단이다.

동탄인덕원선, 월곶판교선, 신안산선, 신분당선 호매실 연장, 동북선, 서부선, 고양은평선 등도 관심을 가져볼 만한 노선으로 꼽힌다. 수도권에서 돈이 될 만한 주요 노선을 추린 뒤 단기·중기·장기 투자계획을 세우는 게 역세권 투자의 핵심으로 꼽힌다. 표 대표는 단순히 철도 계획만 보면 안 되고 정비와 시장 상황도 함께 살펴봐야 한다고 강조했다.

천지개벽할 '용산서울코어'

정재하 한국철도공사 스마트역세권사업단 개발계획팀장
한국철도공사 스마트역세권사업단 개발계획팀장을 맡고 있다. 철도와 연계된 역세권 개발사업을 담당하며, 특히 친환경·스마트·글로벌 도시를 목표로 하는 용산국제업무지구 개발사업을 추진하는 핵심 전문가다.

서울의 중심인 용산이 글로벌 비즈니스와 문화가 어우러진 복합 공간으로 탈바꿈한다. 코레일(한국철도공사)은 10년 넘게 개발이 멈춘 용산 정비창 부지에 대한 개발계획을 세운 뒤 사업 추진에 속도를 내고 있다. 사업을 성공적으로 이끌기 위해 서울시 및 서울주택도시개발공사(SH)와 손을 잡았다. 100층 높이는 랜드마크와 주거, 업무, 휴식이 가능한 복합업무지구로 개발할 계획이다. 2025년 말 착공하고 2026년부터는 민간에 토지도 분양한다.

서울 용산국제업무지구 조감도.

이르면 2030년 초께 첫 입주가 실시될 전망이다.

글로벌 업무 중심지로

용산국제업무지구가 들어서는 용산은 예로부터 사람과 물자가 모이는 교역의 중심지였다. 용산역 일대는 1905년 철도 공장을 시작으로 100년간 한국 철도 산업의 최전선에 있었다. 2011년 철도 정비창 시설이 이전한 뒤 나대지로 남아 있다. 서울 핵심지에 대규모 개발이 가능한 부지가 생긴 배경이다.

용산은 서울의 도심과 여의도, 강남을 연결하는 3도심의 중심축이다. 한강과 용산공원을 연결하는 지리적 장점도 빼놓을 수 없다. 철도는 7개 노선이 지나가고, 5개 노선이 추가될 예정이다. 향후 12개 노선이 지나는 철도 교통의 중심지가 될 전망이다. 정부는 2024년 글로벌 헤드쿼터 유치 과제를 포함해 '역동 경제 로드맵'을 발표했다. 글로벌 네트워크를 확장하기 위해 정부와 서울시가 협력하고 있다. 정부는 2030년 초까지 용산에 글로벌 헤드쿼터 1호를 유치해 글로벌 기업의 거점으로 조성할 계획이다. 동시에 글로벌 기업을 대상으로 투자 인센티브 제공, 공동 유치 활동 등도 추진할 예정이다.

20여 년 만에 다시 첫 삽

용산 정비창 부지는 2007년 처음으로 개발이 추진됐다. 당시 프로젝트금융투자회사(PFV·

역세권 이슈 1

용산국제업무지구 사업 진행 과정

사업 재추진

	용산국제업무지구 공동사업시행 실시협약 체결(코레일-SH)
	용산국제업무지구 개발계획(안) 발표(코레일-SH)

행정절차 이행

2024.2.14	구역지정 제안(코레일 → 용산구)
2024.3.29	도시개발구역지정 요청(용산구 → 서울시)
2024.6.5	서울시 도시계획위원회 심의 통과
2024.11.28	도시개발구역지정 및 개발계획수립 결정고시, 지형도면 고시 (서울특별시 고시 제2024-577호)
2024.12.20	사업시행자(코레일-SH공사)
2025.4	구역(개발계획 포함) 변경지정 및 실시계획 인가 신청 (사업시행자 → 용산구)

자료 서울시

특수목적회사) 사업은 민간 주도로 추진돼 사업구조가 복잡했다. 또 서부이촌동을 포함한 일괄 통합 개발이었고, 여기에 금융위기까지 겹치며 실패로 돌아갔다. 이번 사업은 공공 주도로 추진된다. 또 전문성과 안전성을 확보하기 위해 코레일은 2021년 5월 SH공사와 '공동개발 협약'을 체결했다. 서울시는 민간 추진 이후 10년째 방치된 정비창 부지에 대해 2022년 7월 개발 구상을 발표했다. 이후 서울시, 코레일, SH공사, 전문가 등과 130여 차례 머리를 맞대고 논의하면서 구체적인 개발계획을 마련해 2024년 2월 발표했다. 이를 바탕으로 SH공사는 2024년 2월 14일 구역 지정 제안을 하고 9개월 후인 2024년 11월 28일 서울시에서 '구역 지정 및 개발계획수립 결정고시'를 하게 됐다.

개발계획 고시 이후에도 코레일 등은 해외 업체를 통해 이 사업이 실현 가능성이 있는지를 재검증했다. 검토한 부분을 보완해 2025년 4월 '구역(개발계획 포함) 변경지정 및 실시계획 인가' 신청을 했다. 도심지 내 콤팩트 시티 개념의 입체 복합 개발이 추진되다 보니 일반적인 개발과 달리 많은 검토와 검증이 필요했다는 설명이다.

용산 정비창 부지면적은 용산역 일대 45만 6099㎡에 달한다. 일본 도쿄 아자부 다이힐스의 6배 규모다. 전 세계적으로 도심지 내에서 이렇게 대규모로 개발한 사례가 없다고 할 정도다. 개발 1단계에서는 공공사업 시행자가 공공시설 등 기반 시설을 조성한다. 2단계에는 민간에서 토지 분양 후 부지별로 개별 건축하는 방식을 따른다. 사업 시행자는 코레일과 SH공사가 맡는다. 코레일이 계획 인허가를 받고, 토지를 분양한다. SH공사는 설계, 공사, 토지 보상 업무를 담당한다.

용산국제업무지구 도시개발사업

구역위치	서울특별시 용산구 한강로3가 40-1 일원
면적	45만6099㎡
사업기간	2024년 11월 28일(구역지정일) ~ 2028년 12월 31일
시행자	한국철도공사 / 서울주택도시공사
업무분담	한국철도공사(70%) / 서울주택도시공사(30%)
	기본계획 및 인·허가 / 기본 및 실시설계, 선로데크 설계
	토양오염 정화사업 / 토지보상(국·공유지, 사유지)
	문화재 조사 / 지구 내·외 공사
	사업구역 토지공급 / 광역교통개선 대책사업

· '도시개발법'에 의한 도시개발사업(수용 및 사용 방식)
1단계 공공(사업시행자): 기반시설(도로, 공원 등) 조성
2단계 민간(토지 수분양자): 토지분양 후 부지별 개별 건축

※향후 인허가 과정을 통해 변경될 수 있습니다.

자료 서울시

Section 2 | Best Places

용산국제업무지구를 한눈에 보여주는 가로세로 2.1m(축척 1:900) 규모의 디오라마.

'용산서울코어'로 개발

서울시는 용산 정비창 부지를 글로벌 비즈니스의 중심지로 개발하기 위해 '용산서울코어'라고 이름 붙였다. 국제업무와 첨단산업의 글로벌 인재가 모이고, 미래적이고 환경친화적인 '직·주·락(職-직장, 住-주거, 樂-여가)'의 새로운 도시 공간을 만들겠다는 뜻이다. 이를 위해 일, 주거, 여가를 한곳에서 누리는 '입체 융복합 수직 도시', 기후변화에 대응하기 위한 '자연 친화 미래 도시'를 두 가지 개발 목표로 설정했다.

개발 목표를 실현하기 위한 4대 핵심 전략도 정했다. 첫 번째 핵심 전략은 용도와 기능이 어우러진 '융복합 국제 도시'다. 업무·교류·주거·놀이 모두 한곳에서 이뤄지는 글로벌 콤팩트 시티를 구현하기 위한 공간 혁신 내용이 담긴다. 두 번째는 지하·지상·공중이 연결되고 자연과 보행 활동이 중심이 되는 '보행 복지 도시'다. 세 번째는 친환경 개발을 위해 서

45만 6099㎡

용산 정비창 부지 면적은 일본 도쿄 아자부 다이힐스의 6배 규모에 달하는 45만6099㎡다.

울형 탄소 중립 도시의 시작, '스마트 에코 도시'다. 마지막은 입주자뿐만 아니라 시민, 세계인이 모두 혜택을 누릴 수 있는 '동행 감성 도시'로 만들겠다는 전략이다.

바람과 사람이 흐르는 도시

용산국제업무지구는 기본적으로 도로, 공원, 건물 자체를 남산이나 한강으로 흐르는 형태로 배치했다. 2024년 11월에 개발계획 고시 때는 공원과 도로망을 주변으로 확산하도록 하는 등 주변과의 연계성을 크게 고려했다. 하지만 초고층 건축은 바람길이 가장 중요하다는 전문가 검증을 바탕으로 바람이 머물지 않고 한강으로 자연스럽게 흐르는 형태로 수정했다.

구역 구성도 일반적인 개발사업과 다르다. 흔히 주거, 공업, 산업 등 단일 용도별로 묶는다. 용산국제업무지구는 업무 중심의 복합 개발이어서 업무시설이 가장 많은 A존, 업무시설과 오피스텔이 들어가는 B존, 업무 지원 역할

용산국제업무지구로 탈바꿈할 옛 용산 정비창 부지와 인근 아파트 단지 모습.

역세권 이슈 1

용산국제업무지구 개발 계획

국제업무존
국제업무, 전시컨벤션·상업문화, 광역환승 기능

- Work: 다국적기업
- MICE: 전시컨벤션·호텔
- Culture: 상업문화시설
- Transit: 용산역 연계

업무복합존
ICT 기반의 미래신산업 업무 기능

- Work: 주기능 디지털 관련 4차산업 기업
- Live: 보조기능 외국인/기업 종사자 주거

용산전자상가·현대 R&D센터 기능 연계

업무지원존
교육시설 및 내·외국인 레지던스 등 지원 업무

- Work: 보조기능 국내·외 기업 업무 공간
- Live: 주기능 기업 종사자/일반 주거

※향후 인허가 과정을 통해 변경될 수 있습니다.

자료 서울시

의 C존으로 구성했다. 도로망 역시 격자형으로 변경했다.

각각의 존은 국제업무존, 업무복합존, 업무지원존으로 구분된다. 국제업무존은 국제업무, 전시컨벤션·상업문화, 광역 환승 기능이 들어가 있도록 배치했다. 업무복합존은 ICT(정보통신기술) 기반의 미래 신산업 업무 기능이 들어간다. 업무지원존은 주거 기능과 교육 시설, 레지던스 등 단지를 지원할 수 있는 기능을 담았다. 일자리, 주거, 여가, 휴식이 한곳에서 모두 이뤄질 수 있도록 사업 중심에서 600m 반경이 모두 접근할 수 있도록 보행일상권 개념도 녹였다.

대상지의 중심인 국제업무존은 국제업무, 도심, 금융 등이 집적할 수 있도록 했다. 이곳에 프라임급 오피스, 호텔, 국제 행사 지원 및 문화 공간이 들어선다. 국제업무존을 둘러싼 업무복합존은 변전소, 공동물류시설을 비롯해 신산업 관련 업무시설과 주거용 오피스텔, 상업시설이 나머지 공간을 채운다. 건물 상부를 연결하는 스카이 트레일도 설치한다. 일반 시민도 이용할 수 있는 문화공간을 조성하고 주변 조망 및 건물 간의 이동 편의도 높이기 위해서다.

국제업무지구 정착을 지원하는 업무지원존은 도심형 복합 주거시설, 교육시설, 의료시설, 외국인 체류 지원 센터 등 새로운 주거 트렌드를 반영한 집중 공간으로 지어진다.

> 용산국제업무지구는 일자리, 주거, 여가, 휴식이 한 곳에서 모두 이뤄질 수 있도록 사업을 계획했다.

Section 2 | Best Places

용산국제업무지구 UAM 바람길 시뮬레이션 예시.

고밀도 복합 개발을 유도하기 위해 국제업무존은 중심 상업지로 용적률은 900~1000%, 업무복합존과 업무지원존은 일반상업지역으로 용적률 700~800%로 계획하고 있다. 국제업무존은 80층, 업무복합존은 60층, 업무지원존은 40층 높이 건물까지 가능한 셈이다. 랜드마크존은 따로 구성해 100층 내외로 건물을 높일 수 있게 했다. 토지를 분양받은 민간은 공공기여 등을 통해 최대 용적률을 1700%까지 활용할 수 있는 방안도 마련했다.

도시와 한강변을 향해 열린 녹지

용산국제업무지구는 그린스퀘어, 그린큐브, 그린코리더의 입체적 연결로 한강에서 용산공원까지 편리하게 이어지는 녹지보행공산노 조성된다. 먼저 중앙에 4만 ㎡ 규모의 녹지 그린스퀘어를 조성한다. 용산국제업무지구를 상징하는 중심 이벤트 공간이다. 다양한 국제 문화 행사, 공연, 이벤트가 열린다. 그린큐브는 도시 생활 속에서도 자연을 가깝게 누릴 수

13조원
용산국제업무지구 개발로 인한 부가가치 유발 효과가 약 13조원으로 추산된다.

있는 개방형 녹지와 연계해 조성하는 순환형 공원 녹지 축이다. 그린코리더는 공원과 공원을 연결하고 주변 도시로 녹지 보행을 연결하는 도시의 보행축, 녹지축, 통경축이 되는 선형의 공원 녹지 계획이다.

이와 함께 스마트 교통 인프라를 구축하고, 용산역발 공항철도 노선 등을 신설해 57% 수준인 대중교통수단 분담률을 70%까지 올리는 게 목표다. 먼저 국제업무지구의 직무 성격에 부합하도록 인천공항2터미널역으로 가는 공항철도 및 경의중앙선 등을 용산역에서 직결 운행하도록 협의 중이다. 용산역과 가까운 지하에 광역환승센터를 설치해 광역 버스를 도입하는 것도 추진한다. 수도권 내 철도 소외지역에서 광역 접근성을 개선하기 위해서다. 또 용산역 안에 지하보행 환승통로를 신설해 용산역 환승체계를 개선한다. 코레일은 이를 통해 용산국제업무지구에서 발생하는 교통량을 50% 감축하겠다는 목표를 세웠다.

이와 함께 공유 주차장, 공유 차량, 자율 주행 셔틀버스, 다양한 첨단 교통과 친환경 신교통

에너지 자립 도시 실현을 위한 중장기적 실행 목표 설정

2035년	지역에너지자립률 60% ※ZEB 3등급 수준	서울시 2050제로에너지건축(ZEB) 계획 ※서울시 녹색건축물 제2차 조성계획(2022)
↓		2035_ZEB 3등급 공공 2등급 / 민간 3등급
2050년	지역에너지자립률 100% ※ZEB 1등급 수준	2050_ZEB 1등급 공공 1등급 / 민간 1등급

※향후 인허가 과정을 통해 변경될 수 있습니다.

자료 서울시

역세권 이슈 1

신재생에너지 활용 및 에너지 자립 도시 설계

지열, 태양광, 연료전지 등 다양한 신재생에너지 도입

서울시 지열보급 활성화 종합계획
용산국제업무지구(지열 냉난방) 30MW 규모 설치

서울시 녹색건축물 설계기준 일부 개정 고시
지하방재기준의 50% 이상을 지열로 설치

에너지의 효율적 관리를 위한 지역 에너지 관리 시스템 도입

에너지 모니터링 및 건물에너지관리시스템(BEMS) 연계

※향후 인허가 과정을 통해 변경될 수 있습니다.

자료 서울시

수단을 도입해 저탄소 미래 교통 도시를 구현한다. 다만 UAM(도심항공교통)은 법적인 부분이 일부 미비해 세부적인 도입 방안을 검토 중이다.

친환경·스마트·글로벌 도시로

에너지 자립 도시의 실현을 위해 최대한 신재생에너지를 설치하고 부족한 부분은 외부 신재생을 활용할 계획이다. 또 건물 단위가 아닌 지역 단위의 친환경 인증 체계를 용산국제업무지구에 처음으로 적용할 예정이다.

최첨단 스마트 물류체계를 구축해 상품 입고부터 보관, 배송 분류, 스마트 배송까지 자율 이동기술을 활용한다. 스마트 도시 통합관리 시스템도 구축하고, 도시통합에너지관리센터를 만들어 디지털트윈을 활용한 지능형 에너지 및 환경 관리를 추진한다. 공원 지하에 공용주차장을 설치하고, 공용주차장 안에 자율 로봇 주차 서비스를 통해 운전자의 편의성 향상과 주차 공간의 효율적인 활용으로 주차 면적 감소 효과를 기대한다. 지하에는 상수·전력·통신·열수송관·물류를 모아 IoT(사물인터넷)와 센서를 결합한 스마트 공동구를 구축해 유지보수 효율을 높인다.

글로벌 헤드쿼터 유치를 위해 외국인 친환경 환경을 조성한다. 체류 기간, 생활 여건 등을 고려한 다양한 주거 형태 및 시스템을 마련하고, 외국인 자녀 교육 지원을 위한 입체 복합화 교육시설도 설치한다. 단지 안에 의료 환경 및 해외 외국인 공공서비스도 도입해 글로벌 기업과 글로벌 인재가 살고 싶어 하는 곳으로 만든다. 코레일은 용산국제업무지구 개발로 매일 방문객 26만 명, 고용 유발 약 15만 명, 부가가치 유발 효과는 약 13조원이 될 것으로 추산했다.

용산국제업무지구는 2025년 9월에 서울시 도시계획위원회 심의를 통과했다. 한국철도공사는 관련 부서 협의 후 11월 20일 구역 및 개발계획 변경과 실시계획 인가를 받았다. 이를 통해 2025년 12월 말에 기반 시설을 착공하고 2026년 상반기에 토지 분양을 순차적으로 실시할 예정이다. 빠르면 2030년 초께 첫 입주가 실시될 전망이다.

> 용산국제업무지구는 외국인 친환경 환경을 조성해 글로벌 기업과 인재가 살고 싶은 곳이 될 예정이다.

용산국제업무지구와 인접한 용산전자상가지구 나진상가 12·13동 일대 지구단위 계획구역 조감도.

돈 되는 역세권 상가는 따로 있다!

김종율 김종율아카데미 원장
국내 상가 투자 전문가. 현장통으로 불리며, 한국미니스톱, 삼성테스코(홈플러스), GS리테일 등에서 점포 개발 전문가로 10여 년간 근무한 베테랑이다. 토지·상가 투자 및 경매 실전 강의를 제공하는 아카데미와 온라인 강의 사이트 '김종율닷컴'을 운영하고 있다.

2025년 국내 상가 시장은 명백한 '조정기'다. 자영업 경기 침체, 최저임금 상승, 근로기준법 확대 등으로 영세 자영업자의 부담이 커졌고, 상가 공실률도 높다. 한국부동산원에 따르면 2025년 2분기 기준 전국 집합상가공실률은 10.48%까지 치솟았다. 특히 서울은 9.27%를 기록하며 1분기 대비 0.13%P 상승했고, 2025년 3분기(9.14%) 이후 최고치를 기록했다. 그런데도 김종율 김종율아카데미 원장은 오히려 이 기회를 놓치지 말라고 한다. 그가 진정한 '역세권 상가'는 무엇인지 알려준다.

14.87%

2025년 3월 한국부동산원에 따르면 서울 동대문 상권의 평균 공실률(중·대형 상가 기준)은 2024년 말 기준 14.87%로 서울 평균(8.85%)을 훌쩍 뛰어넘었다.

역세권, '배후 수요와 동선' 중요

지하철역 근처에 있다고 모두가 '역세권 상가'는 아니다. 상가 시장의 '착시'를 주의해야 한다는 게 김 원장의 지적이다. 많은 투자자가 역세권 상가라는 이름만 듣고 덜컥 투자에 나서지만, 상당수는 단지 역 근처라는 껍데기만 가진 부실한 상가라는 것이다.

역세권 상가의 핵심은 '집객력(유동 인구를 끌어모으는 힘)'이다. 김 원장은 집객력의 3요소를 다음과 같이 제시한다. 먼저 배후 수요가 2500가구 이상 있는지를 살펴야 한다. 또 지하철 출구와 주거지를 잇는 주 동선에 상가가 있어야 한다. 초등학교·중학교 등이 있어서 학원·병원 같은 업종이 잘될 수 있는지도 따져야 한다. 지하철역과 가까워도 사람이 지나지 않거나 소비력이 약한 곳은 '죽은 입지'가 되기 때문이다.

배후 수요를 살필 때는 동선을 잘 확인해야 한다. 서울 지하철 2호선 '낙성대역(관악구 봉천동)' 인근을 대표적 사례로 꼽을 수 있다. 낙성대역 5번 출구에서 불과 100m 떨어진 대로변 상가에 프랜차이즈 빵집과 편의점 등이 들어서 있다. 하지만 이들 매장은 손님이 없어 연달아 문을 닫아야만 했다. 지하철과 단순 거리는 가깝지만, 사람들의 주 동선은 아니다. 단순히 '역 앞'이라는 이유로 상가 프리미엄(웃돈)이 붙지만 이런 상가에 투자하는 것은 실패의 지름길이라고 김 원장은 경고한다.

인천 지하철 2호선 '모래내시장역(남동구 구

한적하고 공실이 많은 서울 동대문 패션타운 헬로APM 상가 모습.

역세권 이슈 2

강동구 길동역 역세권 상가 매입 사례 ①

가장 배후 수요가 많은 곳은 ①번. 배후 아파트 단지와 역 출구가 연결된 '주 동선 입지'이기 때문이다.

자료 김종율아카데미

> "역 앞이지만, 사람들의 주 동선이 아닌 곳의 상가에 투자하는 건 실패의 지름길이다."

서울 지하철 5호선 '길동역(강동구 길동)' 사례도 주목할 만하다. 사진 속 ①, ②, ③번의 위치에 똑같은 업종의 상가가 있다고 가정하면 가장 배후 수요가 많은 곳은 ①번이 된다. 실제로 김 원장의 수강생 중 한 명은 ①번 위치의 토지를 3.3m²당 3000만원 선에 매입했다. 총 330m²가량의 토지를 30억원에 사들였고, 건축비 15억원을 들여 건물을 지었다. 이후 이 건물을 71억원에 매각했다. 단순 계산으로 26억원가량의 수익을 낸 것이다. 배후 아파트 단지와 역 출구가 연결된 '주 동선 입지'에 있었던

월동)' 사례도 비슷하다. 모래내시장역 3번 출구와 가까운 한 대로변 상가는 지하철 개통 기대 등에 힘입어 가격이 급등했다. 그런데 개통 후 매출은 오히려 줄었다. 해당 상가가 지하철 출입구로 가는 주 동선에 있지 않아 배후 수요를 끌어들일 수 없었다. 교통 개발 이슈가 있다면 앞으로 동선이 어떻게 바뀔지를 잘 살펴봐야 한다는 게 김 원장의 설명이다.

수유벽산아파트가 있는 서울 강북구 수유동 일대 역시 우이신설선이 들어서면서 지하철을 이용하는 주민 동선이 완전히 바뀌었다. 4호선 수유역을 이용하기 위해 남동쪽으로 향하던 사람이 우이신설선 가오리역이 있는 남서쪽으로 이동했기 때문이다. 우이신설선과 같은 경전철은 '짧은 역 간 거리'도 주의해야 한다. 우이신설선은 역 간 거리가 약 800m 수준이다. 역과 역 정중앙쯤 되는 자리에 있는 상가는 양쪽으로 400m씩 떨어져 있게 된다. 애매한 위치여서 역세권 효과를 누릴 수 없다는 얘기다.

역세권 상가 3원칙

2500가구 이상 배후 수요

지하철 출입구와 주거지 사이의 동선

초·중등교 인근

자료 김종율아카데미

Section 2 | Best Places

강동구 길동역 역세권 상가 매입 사례 ②

김 원장의 수강생 중 한 명은 ①번 위치의 총 330㎡가량 토지를 30억원에 사서, 15억원을 들여 건물을 지었다. 이후 71억원에 매각해 26억원가량의 수익을 냈다.

자료 김종율아카데미

덕분이었다. 반면 같은 지역의 ②번 위치 상가는 역에 더 가깝지만 주 동선에서 벗어나 오히려 매출이 잘 나오지 않을 수 있다.

쿠팡에 안 밀리는 업종을 찾자

상가 임차인이라면 업종 선정도 중요하다. 온라인 업체가 급성장하고 있지만, 오프라인 상권이 모두 사라지는 것은 아니라고 김 원장은 강조한다. 대표적으로, 병원은 여전히 방문형 서비스 위주여서 오프라인 수요가 꾸준히 유지되고 있다. 학원 역시 초등학교·중학교 인근이라면 배후 수요가 탄탄하고 불황에도 안정적이다. 편의점도 쿠팡 같은 온라인 업체와 경쟁하기보다는 공존하는 추세다. 쿠팡 탓에 기존 소매점이 문을 닫으면 편의점 매출은 더 올라갈 수도 있다. 또 대형 마트가 타격을 받으면서 편의점은 반사이익을 얻고 있다.

임대료 책정도 중요하다. 길동역 인근 1층 상가는 3.3㎡당 월 임대료가 17만~20만원 수준에 형성돼 있다. 2층부터는 임대료가 절반 수준으로 떨어진다. 1층은 가시성과 유동 인구가 중요한 업종이 들어선다. 2~4층은 병원이나 학원 업종이 적당하다. 초등학교·중학교가 인근에 있느냐가 중요하다. 자영업 경기 침체가 장기화하면서 경기 민감 업종인 유흥업과 온라인으로 대체할 수 있는 소매업은 어려움이 커지고 있다. 이러한 환경 변화에 대처하기 위해서는 투자 지역의 상황, 업종별 시장 동향, 정책 변화 등을 지속해서 모니터링해야 한다는 조언이다.

재개발·재건축 등으로 주변 환경이 크게 바뀌는 지역도 주목할 필요가 있다. 최근 서울

> **집합상가**
> 상업용 건물을 호실로 분양해 소유주가 여러 명인 상가.

서남권 대개조 사업으로 지역 상권이 새로 태어날 것으로 전망되는 서울 문래동 일대 준공업지역.

온라인 업체와 공존하는 추세인 편의점.

역세권 이슈 2

폐업한 매장이 즐비한 서울 서대문구 이화여대 앞 골목.

서울 서대문구의 폐업한 옷 가게. 외부 정리가 안 된 상태로 문만 닫혀 있다.

시는 '서남권 대개조 사업'을 본격화하며 영등포구 문래동 일대 준공업지역을 대대적으로 정비 중이다. 김 원장은 "문래동4가 재개발구역이 이주를 시작하면 철공소 밀집 지역 상권이 완전히 새로 태어날 것"이라고 전망했다. 지금까지는 공장 지대였지만 재개발이 본격화하면 복합 상권으로 바뀔 것이라는 얘기다. 청량리역, 동묘앞역, 신림뉴타운, 장위뉴타운 등도 유망 상권으로 떠오를 가능성이 있다. 이들 지역 모두 정주 인구 증가·교통 개발·주거 환경 개선의 삼박자를 갖추고 있다.

상가, 지금이 준비할 때다

금리 인하가 본격화하고 부동산 규제 완화가 속속 예고되면서 상가 시장에도 변화의 바람이 감지된다. 정부와 지자체의 도시 정비 활성화, 소규모 재건축·재개발 지원 등이 확대되면 자연스럽게 해당 지역의 생활형 상권도 커질 수 있다. 지금 상가 시장은 찬바람이 불고 있지만 결국 사람이 모이는 곳은 상권이 생긴다는 게 김 원장의 설명이다. 입지의 본질을 이해하고, 동선을 읽을 줄 아는 투자자만이 그 변화를 선점할 수 있다.

냉각된 상가 시장에도 기회는 조용히 찾아오고 있다. 교통 호재 등으로 입지가 좋아지는 곳, 학원·병원 중심의 생활형 상권, 재개발로 정주 인구가 늘어나는 지역 등이 다음 상승장의 주인공이 될 가능성이 있다. "상가 투자는 감이 아니라 분석입니다. 2500가구 이상의 배후 수요, 지하철 출구와 주거지를 연결하는 주 동선, 초등학교·중학교 등 학교 여부를 보면 답이 나옵니다. 지금 싸게 산 상가가 앞으로 큰 수익을 안겨줄 수 있습니다."

> 66
> 사람이 모이는 곳은 상권이 생긴다. 입지 본질을 이해하고, 동선을 읽어야 투자에 성공할 수 있다.
> 99

임대 문의 안내문을 내걸은 서울 중구 명동의 한 상가.

Section 2 | Best Places

전 세계 부자들이 몰려든다
다시 '핫'해진 일본 부동산 투자

김용남 글로벌PMC 대표이사 사장

글로벌PMC 대표이사 사장이다. 국내 대표 해외 부동산 투자 전문가로 일본 외에도 UAE 두바이, 말레이시아 등 다양한 국가의 투자 상품 발굴 및 자문 서비스를 제공하고 있다.

지금 일본은 그 어느 때보다 부동산 투자하기 좋은 시기를 맞았다. 여전한 초저금리 자금 조달이 가능한 선진국인 데다 침체됐던 부동산 시장이 다시 꿈틀대고 있어서다. 전 세계 부자들이 눈독 들일 수밖에 없는 상황. 김용남 글로벌PMC 대표이사 사장이 인기 상승 중인 일본 부동산 투자에 대해 분석했다.

3조 1900억엔

2024년 일본 부동산 투자액. 2007년 이후 최고이며, 전체 투자액의 38%가 외국인 투자 자본이다.

왜 지금, 일본 부동산을 주목하는가

'잃어버린 30년'을 지나온 일본 부동산 시장이 화려한 부활을 알리고 있다. 2024년 일본의 부동산 투자액은 2007년 이래 최고인 3조 1900억엔(약 32조원)을 기록했다. 2023년 대비 22% 급증한 수치다. 더욱 주목할 점은 전체 투자액의 38%인 1조1000억엔(약 10조2500억원)이 외국인 투자 자본이라는 사실이다. 이는 일본 부동산이 더 이상 내수 시장에 머무르지 않고, 전 세계 부호가 포트폴리오에 담는 안전한 '글로벌 자산'으로 자리매김했음을 의미한다.

수도인 도쿄는 런던과 뉴욕을 제치고 아시아 최고의 투자처로 등극하며 글로벌 자금을 블랙홀처럼 빨아들이고 있다. 이러한 현상에는 '금리'라는 거대한 흐름이 있다. 돈은 물처럼 금리가 높은 곳에서 낮은 곳으로 흐르기 마련이다. 미국과 유럽이 고금리 정책을 유지하는 동안, 일본은 0.5%라는 초저금리 기조를 고수했다.

이 압도적인 금리 경쟁력은 글로벌 투자자에게 일본을 외면할 수 없는 매력적인 시장으로 만들었다. 과거 세금이 적은 곳을 찾아다니던 부의 흐름이, 이제는 잘 갖춰진 인프라와 지정학적 안정성을 갖춘 곳으로 이동하고 있다. 일본은 그 모든 조건을 충족시키는 최적의 투자처로 떠오르고 있다.

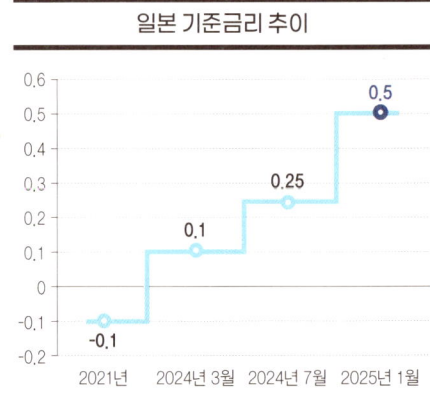

일본 기준금리 추이

자료 일본은행, 단위 %

해외투자

일본 도쿄 타워 주변에 있는 타워 맨션들.

일본 부동산 투자 8가지 상승 동력

세계의 투자자가 일본 부동산으로 향하는 데에는 복합적이고 강력한 8가지 동력이 동시에 작동하고 있다. 첫째는 단연 '엔저 환율'이다. 기록적인 엔저 현상은 외국인 투자자의 구매력을 극대화하며, 향후 엔화 가치 상승 때 환차익까지 기대하게 만든다.

둘째는 '초저금리' 환경 속 높은 '수익률 갭(차이)'이다. 2% 초반의 저렴한 금리로 대출을 받아 4% 내외의 임대수익률을 올릴 수 있어 안정적인 레버리지(저리 대출) 투자가 가능하다.

셋째, 홍콩, 싱가포르 등 다른 글로벌 도시에 비해 여전히 저렴한 '가격 경쟁력'이다. 일본의 부동산은 도쿄라 하더라도 매매가격이 여전히 홍콩이나 싱가포르보다 낮게 형성돼 있다.

넷째, 주거용 부동산의 공실률이 1.5%대로 낮다. 일본이 자랑하는 '안정적인 임대 시장'이 장기간 유지되고 있는 것이다. 낮은 공실률은 건물주가 걱정하는 공실 장기화 우려를 줄인

> 66
> 일본은 0.5% 초저금리 기조를 고수하면서, 글로벌 투자자에게 매력적인 시장으로 다가오게 만들었다.
> 99

다. 안정적인 임대수익 확보가 가능하다는 뜻이다.

다섯째, 세계 부호의 타깃이 된 '고급 콘도미니엄 시장' 역시 가격 상승 잠재력이 충분하다. 일본 내에서도 도쿄는 여전히 세계 부자의 거주 수요가 높은 지역이다. 고급 공동주택인 '타워 맨션' 등의 가격이 꾸준히 오르고 있어 향후 안정적인 시세차익 확보가 가능하다.

여섯째, 2030년 연간 방문객 6000만 명을 목표로 하는 '관광객의 폭발적 증가'는 호텔과 상업용 부동산 시장에 엄청난 활기를 불어넣고 있다. 최근 일본 부동산 시장에서는 주거용 상품뿐만 아니라 레지던스나 호텔 등 상업용 주거시설의 인기가 높다. 관광객 증가가 예상되면서 관련 부동산 시장의 가격 상승세도 뚜렷하다.

일곱째, 지정학적 리스크가 없는 '정치·사회적 안정성'은 아시아권 자산가들에게 특히 매력적인 요소이다. 일본은 중국과 달리 정치적 안정성이 뛰어난 나라로 꼽힌다. 부동산 투자자에게 정치적인 불안정은 투자를 꺼리게 만드

일본 주택 가격 지수

- 2021년: 106.83
- 2022년: 114.63
- 2023년: 118.21
- 2024년: 128.07
- 2025년: 136.79

※2025년 7월 기준, 2000년=100 **자료** 일본 국토교통성, **단위** 포인트

Section 2 | Best Places

는 가장 큰 요소다. 떠오르는 동남아시아 시장과 비교해 사회가 비교적 안정화돼 있다는 점도 수익 기대를 높이는 요소다.

마지막으로, 버블 시기 고점을 돌파한 닛케이 지수는 단순한 주가 상승을 넘어 '일본 경제의 본격적인 부활을 알리는 신호탄이다. 일본 증권 시장이 부흥을 알리면서 덩달아 부동산 시장에 유입되는 투자금도 늘어날 것이란 전망이 나온다.

일본 부동산, 제대로 투자하려면

일본 부동산 투자의 성패는 '무엇을 살 것인가'에서 갈린다. 투자자의 자금과 성향, 목표 수익률에 따라 적합한 상품이 명확히 구분되기 때문이다. 소액 투자자는 4억~5억원대로 진입할 수 있는 '원룸(스튜디오)'을 가장 먼저 고려한다. 일본 현지 직장인이 은퇴 상품으로 선호

220%
일본 부동산 시장에서 가장 인기 있는 자산 '1동 주거용 빌딩(멀티패밀리)'의 지난 10년간 상승률.

하던 전통적인 투자처였으나, 최근 가격이 급등하고 엔저 효과를 등에 업은 외국인 투자자 유입으로 경쟁이 치열해졌다.

자산가들은 전통적으로 '아파트(맨션)', 특히 도심의 '타워 맨션'을 주목한다. 누구나 자본만 있으면 쉽게 접근할 수 있는 게 장점이다. 하지만 그만큼 경쟁이 심하고 가격이 지나치게 올라 임대수익률이 1%대까지 낮아졌다. 이제 타워 맨션은 안정적인 월세 수입보다 '명품을 소유한다'는 개념의 자산가치 상승에 초점을 맞춰야 한다.

현재 일본 부동산 시장에서 가장 뜨거운 자산은 단연 '1동 주거용 빌딩(멀티패밀리)'이다.

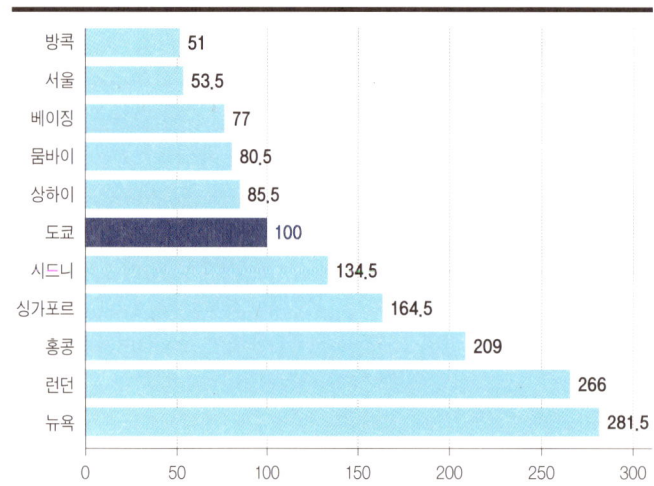

세계 주요 도시 고급 콘도미니엄 임대료 지수

도시	지수
방콕	51
서울	53.5
베이징	77
뭄바이	80.5
상하이	85.5
도쿄	100
시드니	134.5
싱가포르	164.5
홍콩	209
런던	266
뉴욕	281.5

※도쿄 미나토구 기준 **자료** 일본부동산연구소, **단위** 포인트

해외투자

1. '도쿄의 강남'으로 꼽히는 일본 도쿄 미나토구 내 초대형 복합단지 도라노몬힐스.
2. 도쿄에 있는 1동 주거용 빌딩(멀티패밀리).

10가구 내외의 다가구주택으로 구성된 이 상품은 지난 10년간 220%라는 경이적인 상승률을 기록했다. 안정적인 임대수익과 높은 자산가치 상승을 동시에 누릴 수 있는 게 특징이다. 여러 가구에서 월세가 들어와 공실 리스크가 분산된다는 장점이 있다. 또 전문 관리 시스템이 잘 갖춰져 있어 건물주와 임차인이 직접 부딪힐 일이 거의 없다. 외국인 투자자가 원격으로 관리하기에 가장 적합한 상품으로 꼽히는 이유다.

최근 일본 부동산 투자 시장에는 새로운 트렌드가 나타나고 있다. 신축 맨션 가격이 천정부지로 치솟자 투자자가 준공 15년 내외의 이른바 '준구축' 아파트를 매입해 리모델링한 뒤 가치를 높여 되파는 방식이다. 신축보다 저렴하게 매입해 더 높은 수익률을 창출하는 영리한 '밸류애드(Value-add)' 전략이다. 기관투자가들까지 이 시장에 적극적으로 뛰어들고 있어 전망이 밝다는 평가를 받는다.

> 66
> 일본 부동산 투자는 장기적인 관점으로 안정적인 전략을 추구하는 것이 바람직하다.
> 99

실전 준비, 리스크 관리로 멀리 내다봐야

일본 부동산에 투자를 결심했다면 성공적인 마무리를 위해 실전 준비와 리스크 관리가 필수다. 먼저 명심할 것은 일본 부동산은 단기 시세차익을 위한 시장이 아니라는 점이다. 최소 5년에서 10년의 장기적인 관점으로 안정적인 임대수익과 자산가치 상승을 함께 추구하는 전략이 바람직하다.

두 번째로, 신뢰할 수 있는 현지 파트너(관리회사) 선정이 투자의 성패를 좌우한다. 일본은 임대료가 건물주가 아닌 관리 회사 계좌로 입금된 후 정산하는 독특한 시스템이 적용된다. 10년 이상의 업력을 가진 검증된 회사를 선택하는 게 무엇보다 중요하다.

또 일본에서 빈번하게 발생하는 부동산 관련 투자 사기에 대해서도 미리 숙지해야 한다. 가짜 임차인으로 수익률을 부풀리거나, 계약서의 중요 사항을 의도적으로 허위 번역하여 투자자에게 손해를 입히는 사례가 종종 발생한다. 이러한 리스크를 피하려면 회사의 실적과 레퍼런스를 꼼꼼히 확인하고, 부침이 심한 해외 부동산 시장에서 오랫동안 살아남은 전문성 있는 기업과 함께해야 한다.

투자는 매물 추천부터 법인 설립, 대출, 잔금 처리, 사후 관리, 최종 매각까지 이어지는 긴 여정이다. 혼자서 이 모든 것을 관리하고, 해결하는 건 어려운 일이다. 그래서 투자 관리를 믿고 맡길 수 있는 파트너가 필요하다. 이 모든 과정을 원스톱으로 지원하며 리스크를 관리해줄 수 있는 든든한 파트너와 함께할 때 비로소 안정적이고 성공적인 투자를 완성할 수 있다.

Strategy

부동산 분야별 실전 투자 전략

부동산 시장의 불확실성이 증폭되는 가운데, 투자자 생존을 위해 치밀한 전략 수립이 절실한 시점이다. 복잡하게 얽힌 정책과 시장의 변수 속에서 분야별 전문가들이 실전 투자 전략을 제시한다.

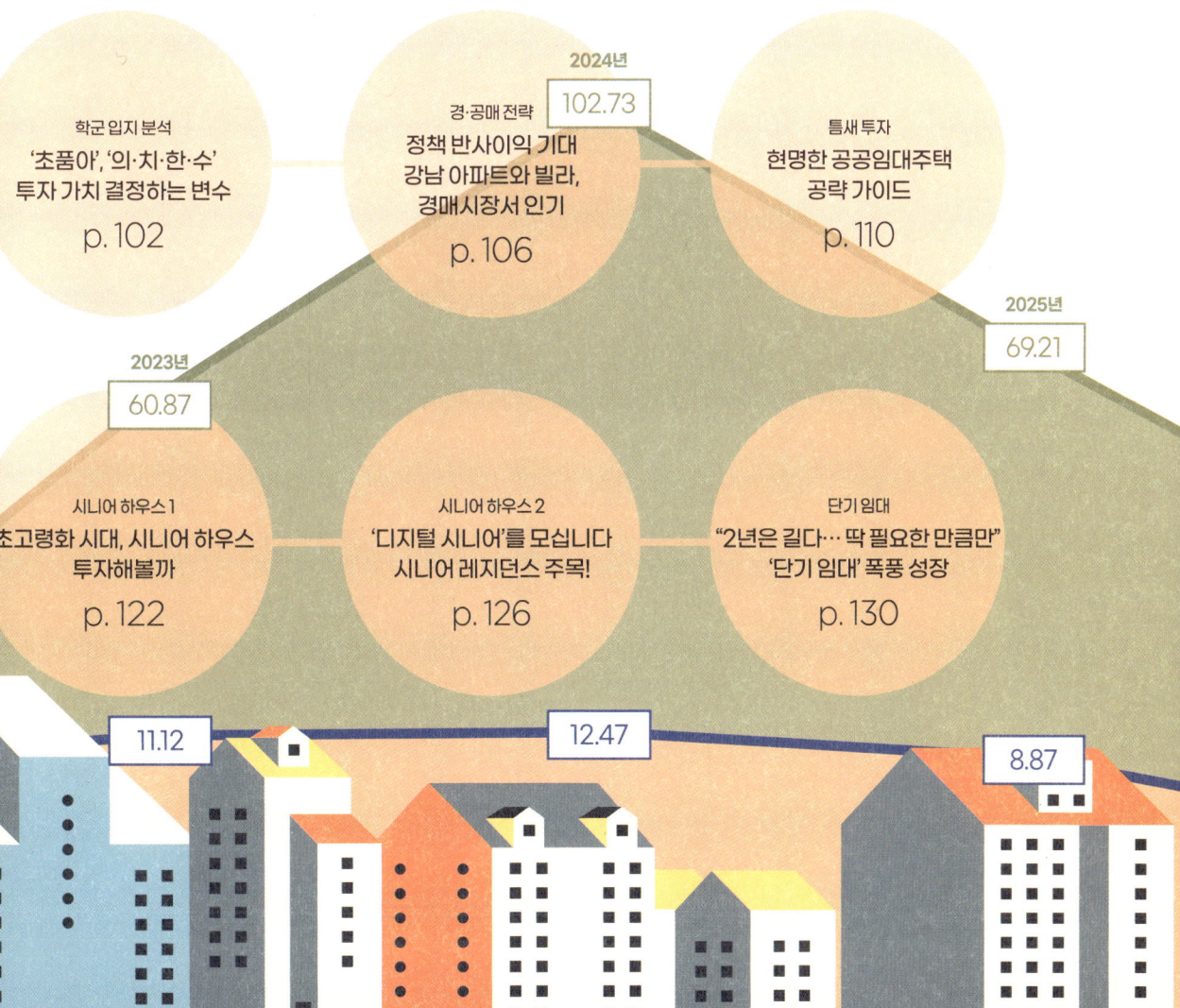

학군 입지 분석
'초품아', '의·치·한·수' 투자 가치 결정하는 변수
p. 102

경·공매 전략
정책 반사이익 기대 강남 아파트와 빌라, 경매시장서 인기
p. 106

틈새 투자
현명한 공공임대주택 공략 가이드
p. 110

시니어 하우스 1
초고령화 시대, 시니어 하우스 투자해볼까
p. 122

시니어 하우스 2
'디지털 시니어'를 모십니다 시니어 레지던스 주목!
p. 126

단기 임대
"2년은 길다… 딱 필요한 만큼만" '단기 임대' 폭풍 성장
p. 130

Section 3 | Strategy

내 집 마련 고민인 무주택자
아파트 '청약 당첨' 5가지 전략

경기 화성 산척동 '동탄 포레파크 자연앤 푸르지오' 견본주택이 내방객으로 북적이고 있다.

분양가 상한제가 적용되는 서울 강남권 신규 분양 단지 등 이른바 '똘똘한 한 채'에 청약 수요가 쏠리고 있다. 경기도에서는 두 자릿수대 청약 경쟁률을 기록한 단지와 미달이 나오는 단지 간 희비가 엇갈린다. 또 같은 단지라도 전용면적 84㎡ 판상(-자)형처럼 선호도가 높은 주택형일수록 경쟁률이 높게 나타나고, 선호도가 낮은 단지는 경쟁률도 약하다. 내 집 마련이 목표라면 눈높이를 조금만 낮춰도 청약 당첨 기회가 커질 수 있다는 얘기다. 황성우 해안선부동산연구소 대표가 아파트 청약 당첨을 현실로 만드는 전략을 공개한다.

청약 양극화 심화, 무주택자는 '기회'

아파트 청약 시장의 최대 화두는 '양극화'다. 한국부동산원 청약홈에 따르면 2025년 첫 수도권 청약 가점 '만점 통장'이 나온 서울 송파구 '잠실 르엘'은 일반공급 110가구 모집에 6만 9476명이 몰렸다. 가장 많이 공급된 전용 59㎡ B는 경쟁률 761.74 대 1에 달했다.

청약 전략

비슷한 시기에 모집공고를 낸 인천 검단신도시 A단지는 620가구 모집에 279명만 접수했다. 부산 에코델타시티에 공급된 B단지(일반공급 1278가구)는 1000가구가량 미달 사태를 빚었다. 부동산 시장이 좋았을 때는 더 많은 청약자가 관심을 가졌던 지역이다. 선호도가 높은 단지에 청약 접수가 집중되는 '청약 쏠림 현상'이 심화하고 있다.

'6·27 가계부채 관리 강화 방안' 발표 후 청약 시장의 지역·단지별 온도 차가 더 벌어지고 있다. 대출 규제 강화로 1주택자와 다주택자의 청약 허들이 높아졌다. 서울 강남 3구(강남·서초·송파구)와 경기 과천 등 인기 지역에 '로또 분양'을 노린 수요가 몰리는 추세다. 무주택자에게는 청약 당첨 확률을 높일 기회다. 다주택자는 수도권 및 규제 지역에서 중도금 대출을 받을 수 없다. 1주택자는 기존 주택을 신규(분양) 주택의 소유권 이전 등기일로부터 6개월 이내 처분할 것을 약속해야 대출을 받을 수 있다. 대출 조건이 까다로워진 만큼 큰 시세 차익을 남길 수 있는 '로또 청약' 단지를 제외하면 경쟁률이 낮아질 수밖에 없다.

'수요와 공급' 알면 당첨 길 보인다

수도권에서 인기 지역 내 신규 분양 단지가 많지 않다. 수요자 눈높이가 높아지다 보니 인기 단지만 고집하고 당첨 확률은 더 낮아지기 일쑤다. 수요와 공급만 제대로 이해하면 유주택자도 당첨 확률을 높일 수 있다. 유주택자가 2년 동안 6번 예비 당첨 문자를 받은 사례가 있다. 비슷한 시기에 청약을 진행하는 '동시 분양'을 활용하는 게 핵심이다. 청약은 당첨자 발표일이 같은 경우 2건 이상 중복 신청을 제한한다. 2개 이상 단지에 중복으로 당첨되면 발표일이 가장 빠른 주택을 제외한 나머지는 당첨이 취소된다.

추석 연휴 직전이던 2025년 9월 30일에는 전국에서 17개 단지가 1순위 청약을 받았다. 이 중 경기 광명 '철산역 자이', 인천 '두산위브앤수자인 부평 더퍼스트' 등 6개 단지는 당첨자 발표일(10월 15일)이 겹쳤다. '광명뉴타운 대장 아파트'라 불린 철산역 자이는 일반공급 313가구 모집에 1만1880명이 몰렸다.

공급이 뜸했던 인천 부평구 부개동 두산위브앤수자인 부평 더퍼스트(일반공급 247가구)는 평균 경쟁률 4.10 대 1을 기록했다. 수도권

761.74

'로또 청약' 잠실 르엘에 몰린 수요자의 최고 경쟁률

단위 대 1

평균 경쟁률은 631.60 대 1이었다. 최저 경쟁률도 382.71(전용 면적 51㎡)을 기록했다.
자료 한국부동산원 청약홈

1. 높은 경쟁률을 보인 서울 잠실 르엘.
2. 인천 서구 검단 신도시.

Section 3 | Strategy

3. 경기 광명 철산 자이 아파트 모델하우스.
4. 인천 부평구의 '두산위브&수자인 부평 더퍼스트' 투시도.

지하철 7호선 굴포천역, 삼산체육관역과 가깝다. 학교를 비롯한 생활 기반 시설도 잘 갖춰져 있다. 청약 시장에서 충분히 매력 있는 단지라는 얘기다. 하지만 철산역 자이와 청약 일정이 겹치며 경쟁률이 예상보다 낮게 나왔다. 동시 분양하면 수요자는 더 인기 높은 단지에 몰린다. 교통과 교육 등 생활 인프라가 본인의 기준에 부합한다면 가장 인기 있는 단지보다 차순위를 노리는 것도 한 방법이다.

분양 물량이 많은 곳을 노리는 것은 기본이다. 주거 선호도가 높은 서울은 재건축·재개발 등 정비사업 위주로 주택이 공급되기 때문에 일반분양 물량이 많지 않다. 2022년 청약받은 서울 강동구 '올림픽파크 포레온(둔촌주공 재건축)'은 일반분양 물량이 3695가구에 달했다. 2만 명 넘는 청약자가 몰렸음에도 최고 경쟁률 12.80 대 1, 최저 경쟁률은 1.04 대 1에 불과했다. 2024년 7월 청약을 진행한 마포구 '마포자이힐스테이트 라첼스'는 올림픽파크 포레온 때보다 더 많은 청약자(4만988명)가 접수했지만, 공급 물량은 250건에 불과했다.

특이 면적대·타워형 등 '틈새' 노려야

같은 단지에서 상대적으로 수요가 적은 '틈새'를 노리는 방법도 있다. 일반적으로 1순위 청약 전날에는 다자녀가구, 신혼부부 등을 대상으로 특별공급 신청을 받는다. 당일 오후 8시 전후로 청약홈에 특별공급 신청현황이 공지된다. 이를 통해 일반공급 청약자는 수요자 선호도가 높은 주택형을 파악할 수 있다. 신

당첨자 발표일이 겹친 수도권 청약 단지

단지명(위치)	규모(일반분양)	1순위 평균 경쟁률
철산역 자이(경기 광명)	2045(313)	37.96
두산위브&수자인(경기 부평)	1299(247)	4.10
석남역 센트럴파크*(인천 서구)	198(93)	0.29

*은 오피스텔 32실 미포함 **자료** 한국부동산원 청약홈, **단위** 가구, 대 1

청약 전략

서울 상봉센트럴아이파크 청약 경쟁률

주택형	특별공급	1순위 청약
전용 84㎡ A	7.47	15.45
전용 84㎡ B	5.04	8.74
전용 84㎡ C	4.54	10.61
전용 84㎡ D	3.11	6.61
전용 84㎡ E	2.31	5.64

*특별공급은 해당 지역 및 기타 지역 합산 기준 **1순위 청약은 해당 지역 기준
자료 한국부동산원 청약홈, 단위 대 1

혼부부 유형으로 좁혀 경쟁률을 확인하는 것도 좋다. 결혼을 앞둔 커플은 주택 트렌드에 민감한 만큼 수요자 선호도가 잘 반영되기 때문이다.

서울 중랑구 '상봉 센트럴 아이파크'는 전용 84㎡ A~E 5개 주택형으로 공급됐다. 특별공급에서 가장 선호도가 높았던 것은 전용 84㎡ A(7.47 대 1)였다. B(5.04 대 1), C(4.54 대 1), D(3.11 대 1), E(2.31 대 1) 순이었다. 1순위 청약 결과는 C(10.61 대 1)가 B(8.74 대 1)보다 경쟁률이 높은 것을 제외하고 결과가 거의 비슷했다. 가장 인기 있었던 A 타입은 주거 선호도가 높은 4베이(거실 및 방 3개 전면 향 설계) 판상형 구조로 공급됐다. B~E 타입은 타워형 또는 복합형 구조였다. 실거주 목적에 당첨이 우선이라면 비인기 타입을 노려볼 만하다.

예비 당첨이 있기 때문에 본당첨에서 떨어졌다고 바로 포기해서는 안 된다. 청약은 계약 포기, 부적격 당첨자 등을 고려해 공급 가구 수의 500%까지 예비 당첨자를 뽑는다. 예비 당첨자는 당첨을 포기해도 청약 통장 재사용 불가 등 불이익이 없어 로또 청약이 아닌 이상 순번이 많이 도는 편이다. 적격 심사를 위해 준비해야 할 서류가 적지 않고 동·호 추첨이 평일에 이뤄져 참여율이 저조하다. 경기 화성 동탄신도시 '금강펜테리움 6차 센트럴파크(일반공급 139가구)' 청약 때 가점 22점, 예비 450번 신청자가 최종 당첨된 사례도 있다.

시장 침체기 때는 계약률이 낮아 당첨 가능성은 더욱 커진다. 서울과 경기 주요 지역, 일부 지방 광역시를 제외하면 부동산 시장은 침체기에 가깝다. 대부분 지역에서 집값 상승률이 보합 또는 하락세다. 계약률이 낮으면 예비 당첨 순번이 더 많이 돌고, 무순위 청약까지 가는 경우도 있다.

80.55%
3040 관심 쏠리는 청약 시장

2025년(1~8월) 전국 청약 당첨자 4만8100명 중 30~40대가 3만8746명으로 전체의 80.55%에 달한다.
자료 한국부동산원

advice

황성우 해안선부동산연구소 대표
1세대 분양권 대표 강사다. 공공기관, 증권회사 등에서 강연을 1000회 이상 진행한 청약 전문가로 통한다.

강남·분당 지역 오래된 아파트에 기회가 있다

준공 20년이 된 서울 인기 주거지 아파트와 수도권 1기 신도시인 성남 분당 재건축. 이상우 인베이드투자자문 대표가 꼽은 '싸면서 좋은 투자처'다. 부동산 시장에 비싸고 좋은 것은 많다. 싸기만 한 것도 널렸다. 하지만 가장 중요한 것은 '좋은 것을 싸게 사는 법'이다. 이 대표에게 방법과 부동산 시장 전망을 들어봤다.

준공 20년 아파트 미리 사놔야

부동산 투자는 앞으로 좋아질 곳을 사야 한다. 지금 좋은 곳은 이미 비싸다. 좋아질 곳 중 하나는 선호 지역에서 준공한 지 20년 정도 된 아파트다. 강남 3구(강남·서초·송파)에 주로 몰려 있다. 아직 재건축할 때가 멀어 가격이 상대적으로 낮다. 준공 30년을 넘으면 재건축이 된다. 겉으로 보기에 멀쩡해도 상관없다. 2025년 6월부터 준공 30년이 지나면 안전진단 없이 재건축을 추진할 수 있도록 법이 바뀌었기 때문이다.

재건축되면 새 아파트 가격으로 오르기 때문에 지금 그런 곳을 사놓고 실거주하면 좋다. 2008년 준공한 송파구 '잠실엘스'가 대표적이다. 30~40년 된 곳보다 주거 환경이 좋아 실거주하며 재건축을 기다리기에 적합하다. 분담금도 걸림돌이 될 수 없다. 분담금이 5억원, 10억원 나와도 집값이 30억원 오른다면 재건축을 하는 것이 맞다.

잠실엘스는 KB부동산 시세로 2025년 2~8월 22.9% 올랐다. 같은 기간 엘스보다 더 오른 곳은 압구정 신현대(35.7%), 압구정 구현대5차(35.5%), 대치 은마(35.5%), 신반포4차(33.3%), 올림픽선수기자촌(30.2%), 대치 미도(29.5%) 등 강남권 재건축 추진 단지다. 비강남권에선 목동신시가지7단지(36.8%), 여의도 대교(34.4%), 여의도 시범(23.9%) 등이다. 나머지는 잠실엘스보다 오래돼 재건축이 얘기가 나오는데도 덜 올랐다. 동작구 대방대림(9.2%), 노원구 미성·미륭·삼호3차(7.5%), 구로구 구로주공1차(5.0%), 양천구 신월시영(4.8%) 등이다. 재건축하더라도 얼마나 더 집값이 오를 수

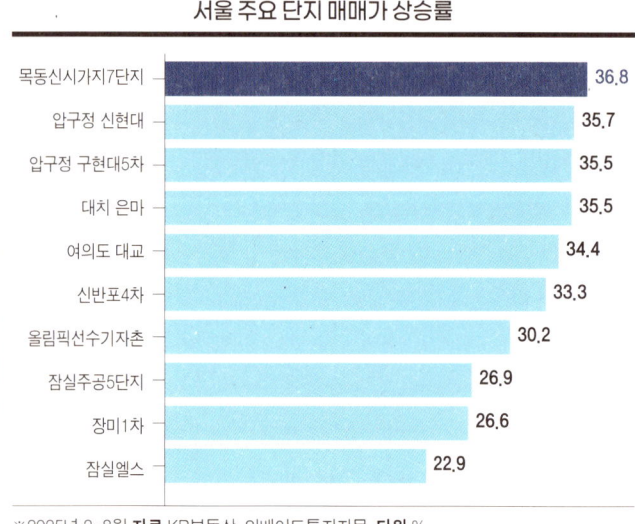

서울 주요 단지 매매가 상승률

단지	상승률(%)
목동신시가지7단지	36.8
압구정 신현대	35.7
압구정 구현대5차	35.5
대치 은마	35.5
여의도 대교	34.4
신반포4차	33.3
올림픽선수기자촌	30.2
잠실주공5단지	26.9
장미1차	26.6
잠실엘스	22.9

※2025년 2~8월 자료 KB부동산, 인베이드투자자문, 단위 %

저렴한 입지 발굴

있을지 명확하지 않은 탓이다.

잠실엘스 실거래가는 2025년 9월 기준 전용 59㎡가 30억원, 84㎡는 34억3000만원 수준이었다. 공급면적 3.3㎡당 1억~1억2000만원이다. 앞으로는 어떻게 될까. 돈을 더 집어넣고 1억5000만~2억원 갈지, 내버려 두고 1억3000~1억4000만원 갈지 선택지가 앞에 놓인다. 내버려 둬도 가격이 오를 곳이기 때문에 아무도 관심 없을 수 있지만, 요즘 건설사 움직임을 보면 준공 20년 차 단지를 가만히 두지 않을 것 같다.

현대건설은 2025년 6월 노후 아파트를 이주 없이 신축 수준으로 개선하는 '대수선 사업'을 발표했다. 이어 삼성물산 건설부문은 2025년 9월 기존 건물의 골조를 유지하면서 노후 단지의 주거 성능을 신축 수준으로 끌어올리는 '넥스트 리모델링'을 내놨다. 삼성물산은 2000년대 초중반 준공한 12개 단지와 넥스트 리모델링 파트너십을 맺었다고도 밝혔다. 준공 20년 언저리 단지들이다.

송파구 롯데월드타워 근처에 있는 잠실엘스, 리센츠, 트리지움, 레이크팰리스 아파트.

좋은 입지의 구축은 적당히 공사해서 적당히 좋아졌을 때 아주 많이 오를 수 있다. 20년 차 아파트만 갖고 있는 특징이다. 그때는 발코니를 넓게 만들어 서비스 면적을 많이 가져올 수 있었다. 집도 넓고, 주차 대수도 여유 있다. 잠실엘스 외에도 리센츠, 파크리오, 레이크팰리스, 래미안 퍼스티지, 반포자이, 도곡렉슬, 역삼 래미안 등이 이런 집들이다.

재건축 기대 큰 분당신도시

성남 분당신도시도 앞으로 좋아질 곳이다. 재건축하면 3.3㎡당 8000만원 갈 수 있다. 지금 과천도 8000만원, 마포는 9000만원이 넘는다. 분당 재건축은 대형 면적을 사야 한다. 재건축은 대지 지분이 클수록 유리하기 때문이다. 지금 전용 84㎡나 그보다 큰 중대형이나 가격 차이가 크게 나지 않는다. 그만큼 대형이 저평

> 신축 아파트 가격은 재건축되면 가격이 오른다. 지금 그런 곳을 사서 실거주하면 좋다.

서울 아파트 준공 연도별 현황

시기	현황
2020~2024년	18만8398
2015~2019년	17만9474
2010~2014년	17만7760
2005~2009년	23만6346
2000~2004년	37만1095
1990~1999년	47만3937
1980~1989년	23만4993
1979년 이전	4만4057

자료: 서울시, 단위: 가구

Section 3 | Strategy

가 상태다. 하지만 이런 가격이 오래가지는 않을 것이다.

분당은 분담금이 안 나올 수 있다. 분담금은 일반분양가와 공사비 등에 영향받는다. 과천 장군마을 분양가가 3.3㎡당 7000만원 수준이었다. 분당은 모든 면에서 과천보다 상급지다. 이를 고려하면 분당 재건축에서 분담금이 나온다고 하더라도 얼마 안 될 것이다.

재건축이 언제 될 것이냐도 중요하지 않다. 서울 압구정을 놓고 재건축이 될지 안 될지 걱정하지 않는다. 사람들이 강남 아파트를 살 때 5년 안에 재건축하니까 사는 게 아니다. 할 때 되면 할 거라는 마음으로 산다. 분당도 내가 매수할 만하면 사면 된다. 재건축을 빨리 할 것 같으면 가격에 반영될 것이다. 분당은 실거주하기 좋으니 사놓고 기다리면 된다. 가격도 괜찮다. 싼 곳도 아직 많이 있고, 아무리 비싸도 30억원밖에 안 한다. 강남권보다 부담이 덜하다.

현재 9만6000가구(특별정비구역 기준)인 분당신도시는 재건축 후 15만5000가구로 약

6만 가구가 늘어난다. 분당 새 아파트 살 정도의 사람은 아마 아이를 둘씩은 낳을 것이고, 그러면 인구는 60만 명 정도 될 것이다. 지금보다 인구가 아주 늘어나는 지역이 된다면 분당의 장래는 밝다. 분당 주변에서 기업을 유치하고 싶어 하는 용인과 성남의 움직임은 이런 집에 대한 수요도 만들어줄 것이다. 전반적으로 애를 안 낳고 사람이 줄고 있으니 딴 곳은 어렵더라도 분당은 살아날 것으로 본다. 전국적으로 노후 도시 재건축이 잘되려면 분당이

> 전세는 이제 존재할 수 없다. 월세는 더 오를 것이다.

1기 신도시 현황 및 계획

구분	분당	일산	평촌	산본	중동
2022년 규모	13.7	10.4	5.1	4.2	5.8
2035년 규모	19.7	13.1	6.9	5.8	8.2
2022년 인구	33.2	24.1	13.1	11.0	14.0
2035년 인구	45.2	30.3	16.3	14.3	18.1
기준용적률	326	300	330	330	350

자료 국토교통부, **단위** 만 가구, 만 명, %

저렴한 입지 발굴

1. 과천 주암장군마을 재개발 사업으로 짓는 디에이치 아델스타 투시도.
2. 디에이치 아델스타의 모델하우스에서 모형도를 보는 예비 청약자들.
3. 과천보다 상급지로 평가받는 분당신도시.

라는 대표 사례가 잘돼야 한다. 어떻게든 성공시키려 할 것이다.

월세 부담 계속 커질 것

앞으로 부동산 시장은 해병대 구호처럼 '악으로 깡으로' 버텨야 한다. 대출이 안 나오면 안 나오는 대로 버텨야 한다. 대출은 필요해서 받는 게 아니라 해주기 때문에 받는다는 사실 잊으면 안 된다. 우리나라에서 대출이란 필요할 때는 안 빌려준다. 돈은 빌려줄 때 받아놓아야 한다. 그게 바로 '크레디트라인'이다. 내가 언제든 힘들 수 있기 때문에 열어놓는 것이다. 마이너스 통장 1억원 정도로는 살면서 힘든 일이 벌어졌을 때 버티기 힘들다. 그렇기 때문에 당장 돈이 필요하지 않더라도 집을 담보로 대출이 나올 때 받아두는 것이 좋다.

노동안전 종합대책이 나왔다. 건설안전특별법 개정안이란 것도 올라와 있다. 사고가 나서 사람 몇 명 죽으면 최소 30억원, 최대 1000억원까지 건설사가 벌금을 내야 한다. 이게 아파트 재건축을 막을 수 있다는 생각을 해봐야 한다. 앞으로 작은 단지는 대형 건설사가 수주를 기피할 수밖에 없다. 돈도 못 버는데 언제 어디서 중대재해 사고가 발생할지 아무도 모르기 때문이다.

전세는 이제 존재할 수 없다. 정부가 월세 세상으로 바꾸려고 한다. 대출을 해주기 싫고, 전세가 존재하면 대출을 해준 것과 똑같다고 생각하는 것이다. 월세는 더 오를 것이다. 지금 마포·용산·성동 등은 월세가 400만원이다. 그동안 많은 사람이 현금 4억원에 대출 4억원 받아 전세를 살았다. 대출 이자 5%를 낸다면 연 2000만원의 이자 비용이 나간다. 한 달에 200만원이 안 되는 돈으로 마포·성동 새 아파트에 살던 사람이 앞으로 2배를 내야 한다. 생각보다 많은 임차인이 가처분소득의 급격한 감소를 겪을 수밖에 없다.

advice

이상우 인베이드투자자문 대표

부동산전문 애널리스트이자 투자 전문가. 부동산 시장 전망 및 분석, 자산 관리, GTX 등 교통망 개발에 따른 부동산 가치 변화 분석을 전문으로 하고 있다. 대우조선해양 근무 후 토러스투자증권, 하나대투증권, 유진투자증권 등 증권사에서 산업재 전문 애널리스트로 활동했다.

Section 3 | Strategy

'초품아', '의·치·한·수' 투자 가치 결정하는 변수

2025년 상반기 부동산 시장은 지역과 단지 간 격차가 극단적으로 벌어진 초양극화 양상을 보였다. 서울에서 강남 3구와 일부 선호 아파트는 꾸준히 가격이 상승한 반면, 다른 지역은 상대적으로 소외됐다. 정부는 공급 확대와 대출 규제를 통해 시장 안정을 시도했지만, 효과는 크지 않았고 시장은 다시 뜨거워지고 있다. 앞으로 부동산 시장은 어떻게 될까. 이주현 월천재테크 대표는 갭 메우기(핵심지와 주변 지역 집값 격차가 줄어드는 것) 현상이 본격화할 것으로 봤다. 새 아파트와 재건축·재개발뿐 아니라 우수 학군 지역도 여전히 투자 매력이 높다고 전망했다.

9·7 대책 후 집값 더 뛴 수도권 주요 지역

구분	9월 8일	9월 15일	9월 22일	9월 29일
서울 성동구	0.27	0.41	0.59	0.78
마포구	0.17	0.28	0.43	0.69
광진구	0.20	0.25	0.35	0.65
경기 성남 분당	0.28	0.34	0.64	0.97
과천	0.16	0.19	0.23	0.54

※전주 대비 상승률 자료 한국부동산원, 단위 %

초양극화된 부동산 시장

2025년 상반기 부동산 시장은 양극화를 넘어선 초양극화 양상을 보여줬다. 지방 부동산과

서울 송파구 롯데월드타워 전망대 서울스카이에서 바라본 시내 아파트 단지 모습.

서울 부동산의 격차는 말할 것도 없고, 서울 내에서도 강남 3구, 그 안에서도 '똘똘한 아파트'만 잘나가는 시기였다.

2022년 하반기 레고 사태 이후 조정받던 부동산 시장은 2025년 초부터 반등을 시작했고 5~6월에는 과열 양상을 나타냈다. 정부의 '6·27 가계부채 관리 강화 방안' 이후 시장은 잠시 잠잠해졌지만 8월 중순 이후로 다시 거래가 늘었다. 정부는 '9·7 주택공급 확대 방안'을 발표했지만, 효과는 거의 없었다. 이 대표는 "공급 대책이 나오자마자 이거는 믿을 수 있는 공급이 아니라고 판단했는지 시장이 뜨거워지고 있다"며 "앞으로 시장이 어떻게 될지 불안하다는 우려가 커지고 있다"고 진단했다.

세금 인상·규제 지역 확대될 것

이 대표는 앞으로 정부의 규제가 이어질 것으로 내다봤다. 현 정부는 "부동산이 실수요자 중심으로 재편돼야 한다"고 여러 번 강조했기 때문이다. 여기에 2026년 지방선거를 앞두고 부동산 시장 안정을 꼭 이루려고 할 것으로 봤다. 이 대표는 "실거주하지 않는 부동산은 1주택자라 하더라도 투기로 보겠다는 뜻"이라며 "비거주일 경우 보유세가 늘어나거나, 고가 주택이라면 1주택자라 해도 세금을 높이는 등의 정책이 나올 수 있다"고 전망했다.

임대시장 관련 제도도 개편할 수 있다고 봤다. 대표적인 것이 전세계약갱신청구권 확대다. 범여권에서는 2025년 10월 초 전세계약갱신청구권을 현행 1회에서 2회로 늘리고, 임대차 기간도 2년에서 3년으로 연장하는 내용의 개정안을 발의했다. 더불어민주당이 2025년 10월 26일 검토한 바 없다고 발표하긴 했지만 전세가격 상승이 이어지면 결국 제도 도입이 불가피할 것이란 이 대표의 설명이다. 이 대표는 "집값과 전세가격이 안정되지 않으면 추가 대책을 내놓을 가능성이 크다"며 "특히 전세계약갱신권을 확대해 무주택자들의 주거 안정을 돕는다는 방향으로 갈 수 있다"고 전망했다.

갭 메우기 장세 본격화

앞으로 시장은 갭 메우기가 본격화될 것으로 예상했다. 2025년 9월부터 성동구, 마포구, 광진구, 강동구에 이어 동대문구, 경기 광명, 성남 등으로 상승세가 번지고 있어서다. 그동안 주요 지역 새 아파트를 중심으로 가격이 올랐다면 최근에는 입지가 괜찮은 기존 아파트와 재건축·재개발 물건의 매매가 이어지고 있다. 이 대표는 "상대적으로 상승률이 낮은 곳 중에서도 회전율(거래 빈도)이 좋은 단지를 골라야 한다"며 "과거에는 시세가 함께 오르던 곳인데 이번 상승세 때 소외된 곳이 있다면 관심을 가질 만하다"고 조언했다. 그동안 지역을 대표하는 '대장 아파트'만 올랐

> 66 정부가 2026년 지방선거를 앞두고 부동산 시장의 안정을 꼭 이루려고 해 규제가 이어질 것이다. 99

조정대상지역·투기과열지구 지정으로 적용되는 부동산 규제

구분	조정대상지역	투기과열지구
지정 요건	3개월간 집값이 물가보다 1.3배 상승 등	집값이 물가보다 현저히 높게 상승 등
대출	무주택자 LTV 70%→40% 축소(공통)	
세금	다주택자 양도세, 취득세 중과	-
청약	재당첨 제한 7년	재당첨 제한 10년 2년 이상 지역 거주자 우선공급 / 민영주택 가점제 적용 비율 차등
재건축	-	조합원 지위 양도 제한

자료 국토교통부

Section 3 | Strategy

부동산 시장 상승 및 하락 요인 분석

상승 요인
- 공급 감소 (신축 입주 부족)
- 금리 하락(이자)
- 전세 상승
- 심리 회복
- 코인, 주식 등 투자 활기
- 건축비 등 원가 상승

하락 요인
- 강력한 규제
- 대출 제약 강화
- 세제 강화
- 경기 불황
- 금리 상승
- 공급 과잉

자료 월천재테크

> 66
> 젊은 사람들이 몰리고, 인구가 늘어나는 곳은 부동산 가격도 오른다.
> 99

던 이유는 외지인이 사들이는 거래가 많았기 때문이라고 설명했다. 외지인은 지역을 잘 모르기 때문에 안전하다고 생각하는 대장 아파트가 아니면 다른 지역으로 가지, 그 지역의 2등 아파트로 눈을 돌리지 않는다는 것이다. 이 대표는 "전·월세 부족과 매수 심리 자극 등으로 지역을 잘 아는 사람 간 거래가 늘어날 것"이라며 "그동안 외면받던 단지가 가격에 맞춰 순차적으로 거래가 될 것"이라고 말했다. 당분간 부동산 시장 하락 유인은 크지 않다는 게 이 대표의 분석이다. 서울에서 새 아파트 입주 물량이 부족해 전·월세가 감소하고 있고,

금리는 하락하고 있어서다. 여기에 건축비 등 건설 원가는 크게 오른 상태다. 주식시장, 가상화폐시장 등 자산 시장이 활황인 것도 결국 부동산 시장 상승에 영향을 줄 것으로 봤다. 이 대표는 "규제 지역 추가, 대출 규제 강화, 세금 정책 등이 가능하지만 이런 규제 효과가 장기간 지속되지 않는다는 것을 모두 잘 알고 있다"며 "경기 침체가 문제긴 하지만 대기업 근로자 등 집을 살 수 있는 실구매층의 연봉이 깎이지 않으면 수요는 이어질 것"이라고 전망했다.

과거 10년 덜 오른 동네를 봐라

그는 과거 10년간의 상승장을 분석했을 때 앞으로 오를 만한 곳으로 새 아파트가 늘어나는 지역, 재건축·재개발의 속도가 빠른 지역, 소득이 높은 지역 등을 꼽았다. 지난 상승장에서 상대적으로 덜 오른 지역을 보는 게 중요하다는 설명이다. 예를 들어 이번에 서초구 반포동, 강남구 개포동에서 재건축이 이뤄졌고 가격이 올랐다면 앞으로 10년은 강남구 압구정, 대치동으로 그 흐름이 이어질 것이란 뜻이다. 이 대표는 "아파트 단지도 지난 10년간

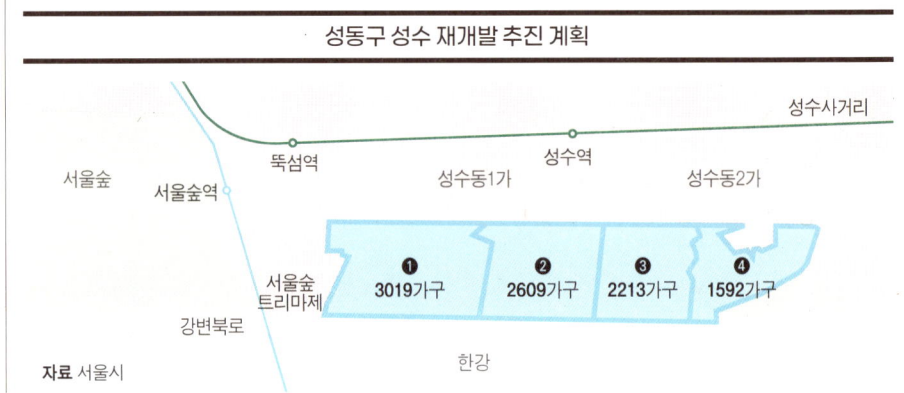

성동구 성수 재개발 추진 계획

자료 서울시

학군 입지 분석

송파구 잠실동 '엘리트(잠실엘스·리센츠·트리지움)'가 올랐다면 앞으로는 잠실주공5단지, 장미 등이 관심을 받을 것"이라며 "송파구 헬리오시티 다음은 올림픽훼미리타운이 되는 식"이라고 설명했다.

재개발 측면에서는 지난 10년간 마포구와 성동구가 주목받았지만, 앞으로는 영등포구 노량진 뉴타운, 서대문구 북아현 뉴타운 등이 관심을 받을 것으로 예상했다. 그는 "성수전략정비구역, 한남뉴타운, 방배재정비구역 등도 본격화됨에 따라 주목해볼 만하다"고 덧붙였다.

서울 강남, 도심, 여의도, 경기 판교, 화성 동탄처럼 좋은 일자리가 많은 곳이 유망하다고 했다. 결국 집을 사기 위해 대출받고, 원리금을 갚으려면 소득이 받쳐줘야 하기 때문이다.

3대 학군은 여전히 매력적인 투자처

학군지 매력도 여전할 것으로 봤다. 저출산 등에 따른 인구 구조, 대학 입시 변화로 학군지 인기가 떨어질 것이란 분석도 나온다. 하지만 학군지는 생애 주기상 선택할 수밖에 없다는 설명이다. '학군지는 자녀 교육과 재테크라는 두 마리 토끼를 잡을 수 있는 곳'이라는 게 이 대표의 평가다.

학군은 현재 학군과 미래 학군으로 나눠 생각할 수 있다. 먼저 현재 학군은 기존 학군이 좋은 지역이다. 이 중에서도 선행학습이 가능한 곳과 입시 지도까지 가능한 곳을 나눠 생각해야 한다. 선행학습이 가능한 현재 학군은 '초품아(초등학교를 품은 아파트)' 단지, 영어 유치원이 좋은 곳, 사립초등 셔틀버스가 운행해 통학이 편리한 곳 등을 꼽을 수 있다.

'서울 3대 학원가' 중 한 곳인 대치동 학원가.

하지만 입시 지도까지 가능한 곳은 강남구 대치동, 양천구 목동, 노원구 중계동 등 '서울 3대 학원가'로 불리는 곳뿐이다. 이 대표는 "'의·치·한·수(의대·치대·한의대·수의대)' 선호 현상으로 목동, 중계동 등에서 서울대 진학이 상대적으로 늘어나고 있다"며 "이들 지역은 노후화로 재건축까지 기대할 수 있는 게 강점"이라고 설명했다.

현재 학군에 투자하기 어려운 상황이라면 미래 학군에 관심을 가져볼 만하다. 미래 학군은 서초구 반포동, 강남구 개포동, 강동구 상일동, 마포구, 성동구 등 재건축·재개발로 신축이 늘어난 곳이나 인천 송도와 청라, 경기 판교, 화성 동탄, 수원 광교, 하남처럼 신도시 특성상 아이가 많은 곳이 꼽혔다. 이 대표는 "인천 청라와 가정지구 등은 미분양이 많았지만, 지금은 달라졌다"며 "젊은이가 몰리고, 인구가 늘어나는 곳은 결국 부동산 가격도 오르게 된다"고 말했다.

advice

이주현 월천재테크 대표

학군 부동산 전문가. 교육과 부동산 현장의 경험을 바탕으로 네이버 카페 '월천재테크'를 운영하고 있다. 재개발과 재건축에 미래 학군 개념을 도입해 강연 및 저술 활동을 하고 있다.

의·치·한·수

의학, 치의학, 한의학, 수의학 등 네 가지 분야의 전문 인력을 양성하는 대학의 단과대학이나 전문대학원을 통칭할 때 사용된다. 이들은 인기가 있으며, 높은 입시 성적을 요구한다.

Section 3 | Strategy

정책 반사이익 기대
강남 아파트와 빌라, 경매시장서 인기

남산에서 바라본 아파트 단지.

경매시장은 전통적으로 '상고하저(上高下低)' 패턴이 반복됐다. 상반기가 상대적으로 낙찰가율(감정가 대비 낙찰가 비율)이 높고 하반기는 조정을 받아왔다. 2025년은 시장이 예상하기 힘든 방향으로 가고 있다. 서울만 놓고 보면 상고하저인데, 강남 아파트 등 특정 물건에서는 상저하고가 뚜렷하게 나타나고 있다. 투자에서 시장 예측이 어려워지고 대응이 쉽지 않다. 강은현 법무법인 명도 경매연구소장이 정부가 내놓은 '6·27 가계부채 관리 강화 방안'과 '9·7 주택공급 확대 방안' 전후의 경매사례를 통해 향후 경매 투자의 방향성을 예측해봤다.

사업자 대출 '제로'에도 끄떡없는 강남 아파트

정부가 9·7 대책을 내놓은 이튿날 서울동부지방법원에서 송파구 잠실의 대표 아파트 중 하나인 리센츠가 경매에 나왔다. 첫 기일에 27명이 들어와서 30억3000만원에 낙찰됐다. 9월 9일 서울중앙지법에서 진행된 서초구 방배동 아파트 경매에도 무려 50명이 경쟁했다. 2024년 말 24억2000만원에 첫 경매가 나왔다 유찰된 물건이다. 낙찰가는 감정가를 웃도는 25억1200만원으로 대출을 거의 받지 않아도 되는 현금 부자가 그만큼이나 많다는 걸 보여준 사례다. 주택담보대출 여력을 크게 줄인 6·27 대책 이후 경매시장은 오히려 더 주목받았다. 매매 사업자 같은 틈새 영역을 활용해 대출 규제를 피할 수 있었기 때문이다. 이 같은 풍선 효과를 차단하겠다는 게 9·7 대책이다. 규제 지역뿐 아니라 수도권 전역의 임대 사업자나 매매 사업자들의 담보인정비율(LTV)을 제로(0)로 막았다.

경·공매 전략

자료 지지옥션, 단위 %, 년

실제 9·7 대책이 겨냥한 수도권의 분위기는 크게 달라졌다. 수원, 인천 등에 온도 차가 느껴진다. 9월 18일 인천 부평구 청천동에서 감정가 2억3000만원에 진행된 경매에는 단 7명이 참여했다. 2025년 6월 첫 기일에는 무려 32명이나 참여했던 물건이다. 당시 낙찰자가 3억원을 30억원으로 오기한 바람에 매각이 무산됐던 점을 고려하면 대출 규제 전후로 응찰자 수가 거의 4분의 1로 급감했다.

재개발 기대되는 빌라 시장도 후끈

정부 정책은 주로 아파트에 방점을 찍었다. "자기 돈이 아니고, 실소유자가 아니면 가능한 한 (경매에) 참여하지 말라"는 메시지다. 아파트를 누르고 대출 규제를 강화하다 보니 전세사기 여파가 남아 있는 연립·다세대에 수요가 생긴다. 신속 통합기획 등 재개발의 미래가치가 기대되는 물건에는 쏠림이 강하다.

최근 들어 서울 광진구 자양동, 양천구 신정동, 마포구 합정동의 연립주택 매각 물건이 유찰 없이 수십 명이 달려들었다. 아직도 빌라 기피 현상이 여전한 상황에서 놀라운 결과다. 마포구의 경우 52명이라는 응찰자 수뿐 아니라 낙찰가도 역대급이었다. 2억6300만원대에 시작한 물건이 5억원에 가까운 금액에 낙찰됐다. 사실상 시장의 호가 금액을 적어냈다.

8월까지의 대법원 공식 자료를 기준으로 17만 7000여 건의 경매가 전국에서 등장했다. 연말까지는 26만여 건이 예상된다. 경매시장에서 26만 건은 2008년 금융위기 이후로 나오지 않았던 숫자다. 2025년 경매시장의 진행 물건은 역대급이라는 소리다.

낙찰 건수는 기대에 못 미친다. 9월 말 기준 낙찰 건수는 4만5000건으로 연간 6만 건 내외가 될 것 같다. 금융위기 당시 낙찰 건수 8만

99.5%

2025년 8월 서울 강남 아파트 낙찰가율

서울 강남구 아파트의 낙찰가율은 2024년(94.1%)부터 급격한 회복세를 보이며 2025년 8월에는 99.5%까지 상승했다. 이는 정부의 규제에도 불구하고 강남 아파트에 대한 수요가 여전히 압도적임을 보여준다.

Section 3 | Strategy

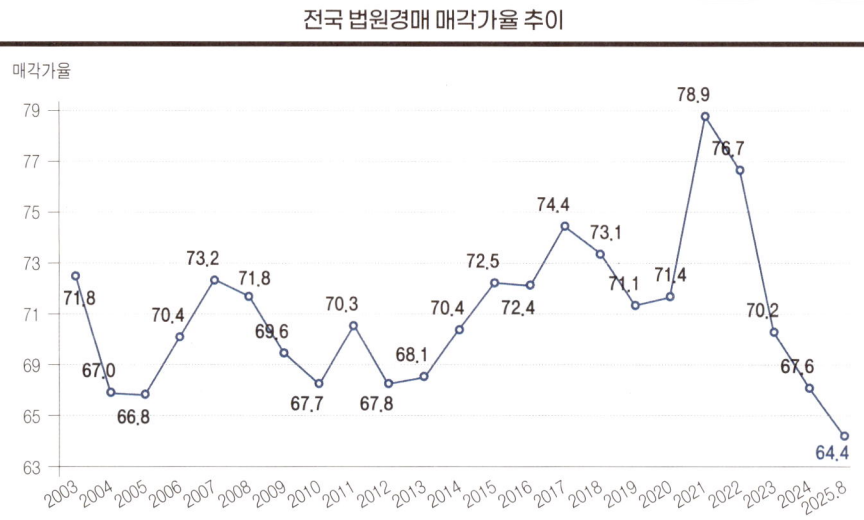

자료 법원경매정보, **단위** %, 년

21억5778만원
송파구 헬리오시티 낙찰가

2025년 2월, 송파구 헬리오시티는 감정가(18억 3700만원)를 3억2000만원 초과하며 낙찰됐다.

자료 법원경매정보

건에 한참 못 미친다. 금융위기 때는 전국이 동시에 반응했던 것에 비해 지금은 철저하게 비동조화 현상이 나타나고 있기 때문이다. 서울과 지방, 수도권 내에서도 서울과 비서울, 서울 내에서도 강남과 비강남, 그리고 또 같은 강남에서도 종목별로 희비가 엇갈린다.

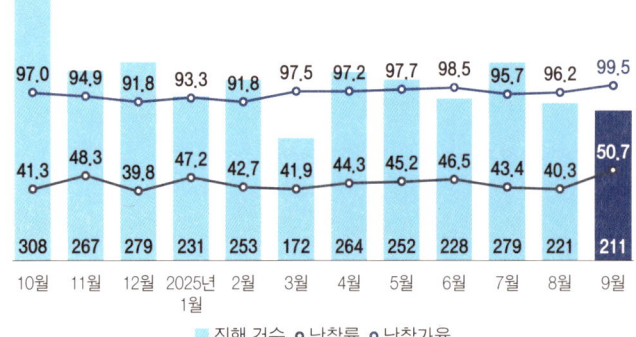

자료 법원경매정보, **단위** 건, %

복잡해진 경매 셈법, 기회는 있다

부동산 시장의 메인 스트림은 서울, 그중에서도 강남이다. 경매시장은 상황이 좀 다르다. 2019년 이래 서울에서 최고 경쟁률이 나온 적이 없다. 2024년은 경기 시흥시 월곶동 아파트(92명), 2023년은 용인 수지구 동천동 오피스텔(125명)이었다.

하지만 2025년은 최고 경쟁률 물건이 서울에서 나올 게 확실시된다. 2025년 초 진행된 송파구 헬리오시티. 1월만 해도 최초 감정가 18억원에서 응찰자가 단 한 명도 없던 물건이다. 불과 한 달 후인 2월 24일에 무려 87명이 들어왔다.

그 사이 무슨 일이 발생한 걸까. 오세훈 서울시장이 용산·강남·서초·송파의 토지 거래 허가를 해제한 것이다. 낙찰가율 기준 서울 강남의 아파트는 2023년 바닥을 다지고 2024년 이미 우상향했다. 가뜩이나 상승하려던 시장

경·공매 전략

에 초강력 부양책을 내놓은 것이다. 경매시장은 초유의 인파로 화답했다. 돌이켜 생각해보면 누군가 1월 첫 기일에 혼자 입찰에 참여했다면 최소 3억원 저렴하게 이 물건을 살 수 있었다. 지금도 이런 기회는 있다. 남은 3개월간 2만 건 가까운 물건이 경매시장에 나온다.
정부 정책이 시장에 미치는 영향은 '약 두 달'이라는 분석이 많다. 실제 6·27 대책과 9·7 대책도 약 두 달의 시차로 나왔다.

연도별 전국 법원경매 통계

구분	진행 규모	매각 규모	낙찰률	낙찰가율
2021	12만4390	4만4834	36.0	78.9
2022	11만7043	3만6296	31.0	76.7
2023	15만9297	3만8472	24.2	70.3
2024	22만4513	5만3539	23.8	67.9
2025	17만7187	4만1688	23.5	64.4

자료 법원경매정보, 지지옥션, 단위 건, %

진기록 갈아치우는 경매시장

금융위기 이래 역대급의 매각 물건이 쏟아지다 보니 각종 기록도 잇따랐다. 서울 지하철 2호선 성수역 2번 출구에서 약 10m 거리의 대로변에 공장지대 물건이 있다. 최초 감정가는 2200억원가량인데 8월 25일에 첫 기일에 복사기 업체 신도리코가 단독 낙찰을 받았다. 역대 최고가 낙찰가격이다. 대금 납부일은 10월 22일이다. 우리나라 경매 역사에 한 획을 긋는 물건이 될 것이다.

역대 최저가이면서 최소면적인 물건도 등장했다. 강원도 춘천시 남면에 있는 도로 일부가 경매에 나와 세 가지 기록을 한 번에 갈아치웠다. 역대 최저 감정가인 5670원의 물건이 역대 최저인 1만원에 낙찰됐다. 경매 역사상 최소면적이기도 하다. 사방 9㎝에 불과하다.

경매시장은 혼란의 시기다. 전국 매각가율이 추락하고 있지만 특정 지역의 아파트는 우상향이다. 제주도만 놓고 봐도 경매 역사상 가보지 않은 길을 가고 있다. 금융위기 때도 60% 내외를 횡보했던 매각가율이 최근 40%대로 반토막을 밑돈다.

대법원에 접수된 경매 접수 건수, 다시 말해 부도난 물건 수는 2024년에 월 약 1만 건에 달했다. 연간 기준 약 12만 건으로 금융위기 끝자락에서나 볼 수 있었던 숫자다. 2025년은 접수 건수가 줄어들 것으로 예상했지만 분위기가 그렇지 않다. 7월과 8월 기준 접수 건수가 2024년 동기와 비슷하다. 9월 통계가 2024년에 근접한다면 2025년도 월 1만 건에 도달할 가능성이 있다. 2025년 초만 해도 연내 경매시장의 턴어라운드(분위기 전환)를 예상했다. 경매 접수 건수 등을 고려하면 분위기 전환은 2026년 초로 늦춰질 수 있을 것 같다.

경매는 한겨울과 한여름에 해야 한다. 봄과 가을에 팔아야 수익을 낼 수 있다. 대부분의 초보자는 반대로 하면서 악순환을 반복하고 있다는 사실을 주의해야 한다.

> 경매시장의 온도가 극심하게 엇갈리고 있다. 규제가 강화될수록 강남 아파트와 재개발 기대 빌라는 쏠림 현상 심화로 고가 낙찰을 기록하는 반면, 수도권 외곽은 냉각되는 모습이다.

advice
강은현 법무법인 명도 경매연구소장
부동산 경매 및 투자 전문가다. EH경매연구소 소장을 역임했으며, 현재 명도 경매연구소장, 건국대 부동산대학원 및 한양사이버대 겸임교수로 활동하고 있다.

Section 3 | Strategy

현명한 공공임대주택 공략 가이드

윤인한 대표가 살았던 서울 명일동 래미안 솔베뉴 행복주택.

서울 아파트값이 날로 오르고 있다. 전셋값도 마찬가지다. 이런 서울에서 싼값에 깨끗하고 안전한 집을 구할 방법이 있다. 바로 '공공임대주택'이다. 정부나 지방자치단체가 집주인인 까닭에 임대료가 낮고, 보증금을 떼일 위험이 없다. 민간 건설사가 지은 브랜드 단지 중 일부도 공공임대로 나오기 때문에 새 아파트에서 살 수도 있다. 경쟁은 치열하다. 하지만 전략만 잘 세운다면 당첨 확률을 높일 수 있다. 공공임대주택 청약 전문가인 윤인한 아영이네 행복주택 대표에게 방법을 들어봤다.

청년·신혼부부 위한 행복주택

공공임대는 종류가 많다. 그 가운데 청년과 신혼부부에게 적당한 것은 '행복주택'이다. 행복주택은 공급 물량의 80%를 대학생, 사회 초년생, 신혼부부 등 젊은 층에 우선 공급한다. 나머지 20%는 고령자, 취약계층에 공급한다.

행복주택은 세 가지 큰 장점이 있다. 첫 번째는 싸다는 점이다. SH(서울주택도시개발공사)가 서울 강동구 명일동 '래미안 솔베뉴'에서 공급하는 행복주택은 윤 대표가 몇 년 전까지 살았던 집이다. 지하철 5호선 역세권에 초·중·고가 주변에 다 있다. 당시 보증금은 1억4000만원, 월 임대료는 19만원이었다. 보증금 중 1억1000만원은 버팀목 대출을 통해 지불했다. 월 이자 16만원을 더하면 결과적으로 2019년 준공한 새 아파트를 보증금 3000만원에 월 35만원을 내고 산 셈이다.

행복주택은 관리비도 저렴하다. 일반분양 아파트는 관리비에 약 20개 항목이 있다. 이 가운데 행복주택 입주자는 장기수선충당금, 위탁관리수수료, 건물 보험료, 입주자 대표회의 운영비 등을 내지 않아도 된다. 집주인인 SH나 LH(한국토지주택공사) 등이 내는 관리비 항목이기 때문이다.

두 번째 장점은 안전하다는 것이다. 보증금 반환 위험이 없다. 계약 기간도 길다. 민간 임대는 계약갱신청구권을 쓰더라도 4년이지만, 행복주택은 10~14년이다. 요즘에는 미성년자가 자녀가 성년이 될 때까지 거주할 수 있다. 재계약 기준도 덜 엄격하다. 다른 공공임대주택은 소득, 자산, 자동차 기준이 있다. 행복주택의 경우 재계약 시 소득 기준이 없다. 한 번 입주한 후 소득이 2배, 3배로 늘어도 소득으로 인한 퇴거가 없다.

틈새 투자

공공임대주택 종류

	LH·SH			지자체·민간	
행복주택	청년 매입임대주택	청년 전세임대주택 (LH)	청년안심주택(SH)	청년안심주택(민간)	
국민임대주택	신혼부부 전세임대주택 I·II	장기안심주택(SH)	5년·10년·50년 공공임대주택(LH)	사회적 주택 (각 운영기관)	
장기전세주택 I·II	신혼·신생아 매입임대주택 I·II	통합공공임대주택 (LH)	재개발임대주택(SH)	수요자 맞춤형 매입임대주택 (각 지역구)	
든든전세주택	전세임대주택	집주인 임대주택 (LH)	공공·주거환경 개선주택(SH)	(청년예술인주택, 연극인, 4차산업 종사자, 도선사, 홈몸어르신, 다문화가족, 한부모가족, 의료안심, 유튜버, 신혼부부 등)	
신혼희망타운	기존주택 매입 임대주택	전세형 건설·매입 임대주택(LH)	장기미임대 매입 임대주택(SH)		
영구임대주택	도시형생활주택 (SH)	공공 기숙사(SH)	그룹홈/청년 협동조합(SH)		

자료 아영이네 행복주택

세 번째 장점은 중개수수료, 보증보험료, 재청약 제한이 없다는 것이다. 보증금이 안전해 보증보험료를 낼 필요가 없다. 재청약 제한이 없는 덕에 행복주택에 당첨돼 입주한 후에도 얼마든지 다른 곳에 다시 청약할 수 있다.

서울에는 청년안심주택이란 유형도 있다. 100% 청년과 신혼부부에게 공급한다. 싸고, 역세권이고, 신축인 것이 장점이다. 옛 이름이 역세권 청년주택일 만큼 지하철역에서 가깝다. 승강장의 가장자리로부터 직선거리 250m 이내에 지어야 한다. 또 최근 나온 유형이기 때문에 대부분 신축이다. 한 청년안심주택을 사례로 들면, 보증금 1억2100만원에 월세가 22만원이다. 관리비는 월 10만~12만원 선이다. 입주자는 보증금 중 3630만원은 SH 무이자 대출, 6300만원은 은행 대출을 받아 실제로 든 현금은 1500만원이었다.

1순위 공고 찾아 많이 청약해야

행복주택도 서울 안에 있는 곳에 입주하려면 경쟁이 치열하다. 인기가 많은 곳은 경쟁률이 수백 대 1 혹은 수천 대 1에 이른다. 방법이 없는 것은 아니다. 행복주택 공략법이 있다. 우선 '청약할 수 있는 모든 공고에 지원하는 4H 전략'이 있다. 4H란 SH, LH, GH(경기주택도시공사), IH(인천도시공사)를 이른다. 2024년 LH는 3·5·6·7·8·10월에 행복주택 입주자 모집 공고를 냈다. SH는 4·6·12월, GH는 4·7·9·10월, IH는 6월이었다. 6월의 경우 LH와 SH, IH가 공고를 냈는데, 이 3개 기관이 내는 공고에 모두 청약해도 된다. 청약은 공짜다. 불이익도 없다. 가능한 한 많이 해보는 것이 좋다.

'작은 집을 노리는 것'도 방법이다. 경쟁률이 상대적으로 낮기 때문이다. 윤 대표가 2016년

> "행복주택은 안전하다. 보증금 반환 위험이 없어 보증보험료를 안 내도 되고, 재계약 시 소득 기준도 없어 소득에 따른 퇴거도 없다."

Section 3 | Strategy

실제로 청약했던 서울 가좌 행복주택의 경우 사회 초년생을 위한 전용 29㎡ 경쟁률이 2012.0 대 1이었다. 좀 더 작은 전용 16㎡는 178.3 대 1로 당첨 확률이 10배 가까이 높았다.

또 '자신이 1순위인 공고'를 찾아야 한다. 행복주택은 우선공급 1순위(해당 자치구 거주), 우선공급 2순위(서울 거주), 일반공급 1순위(서울 및 서울 연접지역 거주 또는 직장), 일반공급 2순위(1순위 이외 수도권), 일반공급 3순위(전국) 순서로 공급한다. 강동구에 공급되는 행복주택은 강동구 거주자가 우선공급 1순위, 그 외 서울 거주자는 우선공급 2순위가 된다. 지방에서 올라온 사람이 바로 서울 행복주택에 당첨되기는 어렵다. 이럴 때 징검다리처럼 서울 인근 지역 공공임대주택에 먼저 거주하면 나중에 서울 연접지역으로 순위를 높일 수 있다.

자신이 우선공급 대상자에 해당한다면 우선공급으로 청약하는 것이 좋다. 그렇지 않다면 우선공급이 없는 단지를 노리는 것이 좋다. "우선공급에서 탈락한 자는 별도의 신청 절차 없이 일반공급 신청자로 전환된다"는 문구가 공고에 적힌 경우가 있기 때문이다. 일반공급 경쟁률이 낮아 보여도 나중에 우선 공급 탈락자가 추가되면 경쟁률이 대폭 높아질 수 있다. 우선공급 없이 일반공급만 하는 행복주택은 이런 위험이 없다.

행복주택엔 배점도 있다. 만점을 받기 쉽기 때문에 이를 충족하는 것이 좋다. 서울에 3년 이상 거주하면 3점 만점, 청약통장 가입 2년이 지나고 24회 이상 납입하면 또 3점 만점을 주는 식이다.

'과거 커트라인을 살펴보는 것도 중요하다. 대학 입시 때 과거 경쟁률과 커트라인을 살펴보는 것과 같은 이치다. 경쟁률은 접수 기간 마지막 날에 공개되고, 합격선은 당첨자 발표할 때 알 수 있다. 원하는 지역이나 단지가 있을 때 과거에는 얼마나 많은 사람이 청약했고, 당시 커트라인은 어땠는지 미리 파악하는 것이 좋다. 이런 식으로 10번 정도 청약하면 행복주택에 당첨될 수 있다고 윤 대표는 말한다.

2012 대 1
2016년 서울 가좌 행복주택 전용 29㎡의 경우, 물량이 단 1가구였던 사회 초년생용 우선모집 청약 경쟁률은 2012 대 1에 달했다.

행복주택 장점

싸다	안전하다	없다
보증금	보증금	중개수수료
임대료	계약 기간	보증보험료
관리비	재계약	재청약

자료 아영이네 행복주택

행복주택 사업

구분	내용
개요	젊은 계층의 거주 불안 해소를 위해 대중교통이 편리하고, 직장·학교와 가까운 곳에서 저렴하게 공급
임대 기간	기본 2년 후 2년마다 재계약
공급 규모	전용면적 59㎡ 이하
임대 조건	보증금+임대료(시세의 60~80% 수준)
특징	공급 물량 중 80% 이상을 신혼부부, 사회 초년생, 대학생 등에 우선공급
입주 대상	무주택가구 구성원

자료 SH

틈새 투자

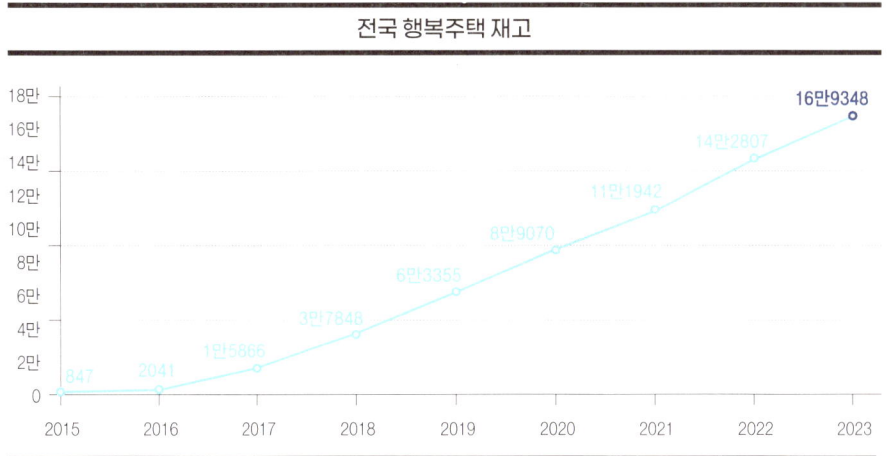

전국 행복주택 재고

자료 국토교통부 임대주택통계, **단위** 가구

상호전환제도로 보증금 낮출 수 있어

행복주택이라도 1억원 넘는 보증금은 큰돈이다. 하지만 기금을 통한 대출이 잘되어 있어 보증금 걱정은 크게 할 필요가 없다. 제1금융권을 통해서도 쉽게 대출받을 수 있다.

대출을 안 받는 방법도 있다. 보증금을 낮추고 임대료를 높이는 식의 상호 전환이 가능한 덕분이다. 기본 보증금이 3354만원, 월세가 14만원이라면 이를 보증금 554만원에 월세 22만원으로 바꿀 수 있다. 반대로 보증금을 4754만원으로 높이고 월세를 6만원으로 낮출 수도 있다.

행복주택에 당첨되면 청약통장이 소모되는지도 많은 사람이 궁금해하는 부분이다. 나중에 분양 전환하는 5년·10년 공공임대를 제외한 모든 공공임대주택은 청약통장을 쓰지 않는다. 행복주택도 청약통장이 그대로 유지된다.

예비 신혼부부인 경우 행복주택 당첨 후 입주 전까지 혼인신고를 해야 한다. 유주택 부모와 살고 있어도 상관없다. 앞으로 혼인할 세대 구성원만 무주택이면 된다.

행복주택 공략법

구분	내용
4H 전략	접수할 수 있는 모든 공고에 접수하기
경쟁률	작은 집으로 접수하기
순위	내가 1순위인 공고에 접수하기
배점	우선공급으로 접수하기
추첨	우선공급이 없는 단지로 접수하기
심리	선택지가 많은 단지로 접수하기
경향	과거 커트라인 보고 접수하기

자료 아영이네 행복주택

> 행복주택 청약은 공짜다. 불이익도 없으니 최대한 많이 청약해봐야 한다.

advice

윤인한 아영이네 행복주택 대표

공공임대주택 청약 전문가. SH 경력을 바탕으로, 주로 청년·신혼부부를 위한 행복주택 공략법에 대해 강연 및 정보 제공을 하고 있다. 유튜브 채널·네이버 카페 '아영이네 행복주택'을 운영하고 있다.

Section 3 | Strategy

2026년은 '상고하고'?

정부가 2025년 내내 잇달아 부동산 정책을 발표했지만 시장 상승세는 꺾이지 않고 있다. 전문가들은 이러한 상승세가 2026년까지 이어질 것으로 보고 있다. 이런 상황에 내 집을 마련해야 하는 실수요자는 어떻게 대응하면 될까. 김은진 레오비전 대표와 박지민 월용청약연구소 대표가 '특급 도우미'로 나섰다.

'포모'가 지배하는 불장

부동산 가격 상승에 대한 포모(FOMO·놓치는 것에 대한 두려움) 심리 현상이 심하다. 박지민 대표는 현 상황을 가격 상승이 수요를 불러일으키고 있다고 분석했다. 저렴할 때는 관심을 가지지 않다가 가격이 올라가면서 더 몰리는 주식 시장과 비슷한 장세가 됐다는 뜻이다. 2025년 상반기 서울 강남 3구 중심의 오름세가 영등포 신길뉴타운 등 외곽으로 퍼지기 시작했다. 이후 6·27 가계부채 관리 강화 방안으로 주춤하긴 했지만, 15억원 이하 아파트에서 여전히 거래가 이어지고 있다. 박 대표는 이러한 급등장이 수도권 외곽이나 지방까지 퍼지면 대세 상승장이 될 수도 있다고 했다. 가장 큰 이유는 역설적으로 규제가 강화되고 있어서다. 그는 "규제는 누르면 누를수록 옆으로 퍼져나간다"며 "풍선 효과가 여러 군데에서 벌어지고 또 벌어질 예정이라서 2025년 하반기 이후 무서운 장이 되지 않을까 싶다"고 말했다.

김은진 대표도 정부 대책이 상승장의 도화선이 됐다고 분석했다. 2025년 6월에 시장이 뜨거웠던 것은 7월 1일부터 시작되는 스트레스 DSR(총부채원리금상환비율) 3단계 때문이었고, 이것이 지나면 좀 수그러들 수 있다는 설명이다. 김 대표는 "6억원까지만 대출을 받을 수 있게 되면서 전세를 낀 집 인기가 높아졌다"며 "토지거래허가구역을 제외한 서울 대부분 지역에서 전세 레버리지를 이용할 수 있어 불이 붙고 있는 상황"이라고 분석했다. 그는 "전세 낀 집하고 월세 낀 집의 차이가 1억원가량 날 정도로 전세 레버리지가 인기"라며 "동시에 9·7 주택공급 확대 방안으로 '이제 공급이 없구나', '빨리 사야 하겠다'는 생각이 더 퍼졌다"고 덧붙였다.

실수요자, 대출 아니면 갭투자 결정해야

실수요자들은 6억원 대출을 받을지, 갭투자(전세 끼고 매매)를 할지부터 결정해야 한다. 일단 6억원 대출 조건으로 부부 합산 연봉이 9300만원은 돼야 한다. 제2금융권을 고려한

> 규제는 누를수록 옆으로 퍼져나간다. 풍선 효과가 여러 군데에서 벌어지고 또 벌어질 예정이다.

2025년 상반기 서울 강남 3구 중심 오름세의 영향을 받은 영등포 신길뉴타운.

내 집 마련 전략

다 해도 연봉 7500만원은 받아야 가능하다. 또 대출받은 후 이를 감당할 수 있는지도 고려해야 한다. 6억원 대출에 매달 내야 하는 원금과 이자는 286만원 정도다. 김 대표는 "전세를 고려하면 오를 것 같은 지역만 보면 된다"며 "실거주를 염두에 둘 경우 학군, 교통 등 여러 가지 인프라를 고려해야 한다"고 조언했다.

박 대표는 청약보다는 기존 집을 사는 게 낫다고 했다. 지금 청약으로 나오는 주택의 가성비가 떨어지기 때문이다. 그럼 언제 사는 게 좋을까. 첫 번째는 입주장이다. 보통 아파트는 1년에 전체 가구 수의 15% 남짓 거래된다. 1000가구라고 하면 100~150가구 정도가 매년 손바꿈하는 셈이다. 입주장은 다르다. 두 달 남짓한 기간 동안 잔금을 치르고 입주하거나 전세를 줘야 한다. 짧은 기간 공급이 몰리는 셈이다. 대출을 받는 게 부담인 계약자는 팔아야 한다. 이때 급매를 잡으면 된다.

경기 광명만 해도 이런 물량이 꽤 많았다. 박 대표는 "광명은 최근 6년 동안 10개 단지가 분양해 기회가 많았다"며 "2025년 초 분양한 광명2구역 '트리우스 광명'만 해도 마이너스 프리미엄이 1억원이 넘게 붙었지만, 지금은 다 플러스가 됐다"고 설명했다.

두 번째 기회는 입주 2~3년 정도 된 아파트를 노리는 것이다. 입주하고 등기해야 보유기간이 인정된다. 갈아타기를 하려는 사람이 1가구1주택 비과세 특례를 적용받을 수 있는 2년차부터 매물을 내놓는다. 지금 기준으로는 4년 차 아파트에 관심을 가지는 것도 방법이다. 박 대표는 "2019~2020년도 입주한 아파트는 2022년에 하락장을 겪으면서 고점을 찍어

1. 광명뉴타운 5구역 공사 현장.
2. 광명2구역 트리우스 광명 단지 조감도.

보지 못했다"며 "관심 있는 지역의 대단지 아파트 중 아직 고점에 달하지 못한 가격대의 물건을 노려볼 만하다"고 설명했다.

정비 사업도 관심을 가질 만하다. 박 대표는 "외곽인 강서구 방화뉴타운이나 노원구 등 서울 강남을 중심으로 동심원 바깥쪽에 있는 구를 지켜볼 만하다"고 설명했다.

'갱신청구권' 쓰지 마라, 내 집 마련이 우선

전문가들은 전세보다는 내 집 마련에 관심을 가지라고 입을 모았다. 박 대표는 주거와 거주를 철저히 분리하며 기회를 노려야 한다고 했다. 예를 들어 재건축 사업이 진행되는 곳은 주거비가 낮은 만큼 이런 곳에 살면서 나머지는 투자하라는 설명이다. 그는 "송파구 잠실의 엘리트는 84㎡ 전세가 11억~12억원 하는데 바로 옆 잠실우성 1·2·3차는 반값"이라며 "아이를 키우기 좋은 인프라를 활용하면서 투

> 내 집을 사기 위한 기회는 짧은 기간 공급이 몰리는 입주장, 입주 2~3년 정도 된 아파트를 노리는 것이다.

Section 3 | Strategy

자 비용을 마련할 수 있을 것"이라고 말했다. 김 대표도 약간의 '몸테크'를 피할 수 없다고 봤다. 상대적으로 저렴한 기존 아파트나 오피스텔·빌라 등에 살거나, 매수하는 것도 방법이라고 했다. 특히 최근 경매시장에 저렴하게 나오고 있는 빌라에 관심을 가져볼 만하다고 했다. 그는 "입지나 주변 환경이 좋은 빌라는 눈여겨볼 필요가 있다"며 "집이 있으면 안정감도 들고 시세차익도 기대할 수 있다"고 말했다.

빌라는 구입해도 청약 등에서 불이익이 없다는 것도 장점이다. 박 대표는 "2025년부터 전용면적 85㎡ 이하면서 공시가격 5억원 이하인 서울·수도권 비아파트는 한 채까지 무주택"이라며 "빌라, 도시형생활주택 등이 있어도 청약에서 불이익이 없다"고 설명했다.

규제는 무주택자에게 기회

서울 인기 지역을 제외한 지역에서 청약은 여전히 내 집 마련의 좋은 기회다. 특히 투기과열지구 등 규제 지역이 확대되면 청약자 수가 줄어드는 효과가 있다. 세대주만 청약이 가능하기 때문이다. 물론 아크로 드 서초, 래미안 트리니원 등 인기 지역은 5인 가족 만점자가 아니면 접근하기 힘들다. 하지만 서울과 멀어지고, 분양가가 시세와 비슷할수록 하한선이 낮아진다. 박 대표는 "고척 푸르지오 힐스테이트도 미달에 가까운 경쟁률을 기록했지만, 최근 프리미엄이 1억원 수준이라고 한다"며 "분양만 잘 받으면 기회가 있다"고 말했다.

경기도, 지방 등은 선별 작업이 필요하다고 했다. 박 대표는 "청주도 2025년 초까지 모범 지역으로 꼽았는데, 분양가가 최근 5억원대까지 오르면서 새 아파트를 사는 게 낫다"며 "지방은 거점 도시 및 광역시 위주로 보고 청약보다 분양권을 사는 게 좋다"고 조언했다.

공공분양은 가능하다면 도전해보라고 했다. 박 대표는 "2021년 사전 청약했던 물량이 본 청약으로 풀리는데 여전히 분양가가 시세보다 30% 저렴하다"며 "통장 가입 기간이 15~20년은 돼야 당첨권이지만 특별공급에 해당하는 젊은 층은 6~7년 된 통장으로도 당첨이 가능하니 잘 활용해야 한다"고 말했다.

청약받을 때 자금 조달도 신경 써야 한다. 먼저 계약금은 대출이 안 되니 최소한 계약금은 마련해야 한다. 중도금 대출은 소득이 없어도 잘 나오지만, 기존에 신용불량자 등으로 회생을 한 경험이 있다면 주의가 필요하다. 가장 큰 문제는 잔금 대출이다. 매매 시장 대출과 똑같이 최대 6억원까지만 가능하다. 주택가격에 따라 2억, 4억원 한도도 똑같이 적용된다. 기존 주택이 있다면 처분 조건이 걸린다.

> 66 집값이 오르는 상황에서 무리하게 매수하지 마라. 반드시 상급지로 가는 것이 정답은 아니다. 99

전국 및 서울 아파트 1~2순위 평균 청약 경쟁률

연도	1~2순위 평균 청약 경쟁률(대 1)		전국 대비 서울 경쟁률 차이 (서울 청약 경쟁률/전국 청약 경쟁률)
	전국	서울	
2020년	27.71	89.86	3.24
2021년	19.67	164.13	8.34
2022년	7.35	10.87	1.48
2023년	11.12	60.87	5.47
2024년	12.47	102.73	8.24
2025년	8.87	69.21	7.80

※2025년은 상반기 기준 **자료** 부동산R114 REPS, **단위** 배

내 집 마련 전략

갈아타기는 먼저 팔고, 사라

전문가들은 기존 주택을 팔고 더 넓은 곳, 더 좋은 지역으로 이동하려는 갈아타기 수요자는 먼저 집을 팔고, 이후 다음 집을 사야 한다고 조언했다. 가장 큰 이유는 규제 때문이다. 현재는 대출을 받게 되면 6개월 내 전입하고 기존 주택을 팔아야 한다. 만약 먼저 새집을 샀는데, 기존 집이 팔리지 않으면 문제가 생길 수 있다. 대출을 조금이라도 더 받으려면 전략이 필요하다. 김 대표는 "부부가 집을 산다면 소득이 낮은 배우자가 주택담보대출을 받고, 소득이 높은 배우자가 추가로 신용대출을 받는 게 좋다"고 말했다.

집값이 오르는 상황에서 무리하게 매수를 결정하지 않는 것도 중요하다고 했다. 반드시 상급지로 가는 것이 정답은 아니란 뜻이다. 박 대표는 "아직 덜 오른 재건축·재개발 사업지라면 인기가 덜한 곳도 관심을 가질 만하다"며 "조합원 분양가와 프리미엄을 더했을 때 가격이 준공됐을 때 가격보다 20%가량 저렴하다면 아직 투자할 만하다"고 설명했다.

대출 규제 속에서 가능한 지역은

대출한도가 줄었지만 8억원 이하 아파트는 타격이 크지 않은 만큼 실거주를 원한다면 관심을 가져볼 만하다. 지역으로는 서울 은평구, 영등포구 신길동, 문래동, 동대문구 등이 꼽혔다. 김 대표는 "지금은 실제로 거주할 수 있는 아파트를 찾아야 한다"며 "관심 있던 지역이 너무 올랐다면 그 주변 지역을 살펴보는 것도 좋다"고 말했다.

박 대표도 외곽 지역, 신축보다는 10년 이내 준신축에도 눈을 돌려보라고 했다. 경기도에서는 수원, 용인, 고양, 화성, 성남, 부천 등 6대 도시를 꼽았다. 그는 "수원이나 용인은 분양보다는 기존 아파트가 낫고, 고양은 3기 신도시(창릉) 등 저렴한 분양이 예정돼 있어 관심을 가질 만하다"며 "화성은 동탄신도시 안에서 움직이고, 성남은 판교와 분당이 많이 올라 재개발 쪽으로 눈을 돌리는 게 좋다"고 말했다.

경기 부천 대장지구 3기 신도시 조성 공사 현장.

전문가들은 2026년에도 부동산 시장 상승세가 이어질 것으로 봤다. 가장 큰 문제는 유동성이다. 김 대표는 "금리 인하 기대는 결국 집값이 내려가기 힘들다는 뜻"이라고 말했다. 박 대표는 "정부 규제가 강화되면 8억원대 전후인 집값도 상승할 것"이라며 "2026년 상반기까지는 서울 외곽까지 상승세가 이어질 것"이라고 내다봤다.

몸테크

'몸'과 '재테크'를 합친 신조어로, 부동산 시장에서는 재개발·재건축 예정 지역에 실거주하며 발생하는 불편을 감수하면서 미래 자산 가치 상승을 목표로 하는 재테크 전략을 말한다.

advice

박지민 월용청약연구소 대표
부동산 청약 및 분양권 분야 전문가. 부동산 청약 전략, 분양권 투자, 청약통장 활용법, 지역별 및 가점별 청약 맞춤 컨설팅을 하고 있다. 네이버 블로그 '월용이의 부동산 일지', 네이버 카페 '월급을 용돈으로'를 운영하며 정보를 제공하고 있다.

김은진 레오비젼 대표
부동산 대출 전문가. 주택담보대출, 전세자금대출, 신용대출 등 다양한 대출 상품에 대한 창의적이고 실질적인 활용 전략을 제공하고 있다. 네이버 블로그 '레오대출연구소'를 운영하고 있다.

Section 3 | Strategy

전세난 심화, 부동산 변곡점 알리는 신호탄

김윤덕 국토교통부 장관이 2025년 9월 7일 정부서울청사에서 부동산 주택공급 확대 방안을 발표하고 있다.

'6·27 가계부채 관리 강화 방안' 발표 후 전세의 월세화에 따른 전세 부족, 임대료 상승 등 주택 전·월세 시장이 요동치고 있다. 이번이 처음은 아니다. 1997년과 2008년 금융위기 직후에도 벌어졌던 현상이다. 이후 부동산 시장은 미분양 아파트가 팔리고 집값이 오르는 등 '상승기'에 들어섰다. 임대 시장의 불안이 '부동산 사이클의 시작점'인 이유다. 신현강 부와 지식의 배움터(부지런) 대표로부터 '전세 시장의 불안, 새로운 변화의 출발점'에 대해 들어봤다.

7~8월 전세 신규 계약

지역	2024년	2025년	변동률
서울	1만7396	1만2108	-30.4
경기	2만6495	1만7644	-33.4

자료 집토스, 단위 건, %

'갭투자' 막은 6·27 대책

6·27 대책이 나오기 전 부동산 시장은 서울을 비롯한 수도권 일부 지역을 중심으로 과열 양상을 보였다. 서울 강남 3구(강남·서초·송파구)와 한강 벨트(성동·마포·강동구 등), 경기 과천·성남 등에서 상승 거래가 꾸준히 체결된 결과다. 서울시의 토지거래허가구역 확대 재지정, 스트레스 DSR(총부채원리금상환비율) 3단계 7월 시행 등의 재료가 겹치며 곳곳에서 '패닉 바잉(공포 매수)'이 나타났기 때문이다.

수도권을 대상으로 주택담보대출을 비롯한 대출 규제가 강화되면서 전·월세 시장의 불안이 시작됐다. 금융당국은 수도권 및 규제지역 내 '소유권 이전 조건부 전세대출'을 금지했다. 전세대출 심사 때 임대차 계약서상 임대인과 임차 주택 소유주가 다른 경우 대출을 받을 수 없게 됐다. 이를 통해 실거주가 아닌 갭투자(전세 끼고 매매) 목적의 주택 구입을 사실상 제한한 것이다.

갭투자를 막자 전세 매물이 줄고 전셋값은 뛰었다. 부동산 중개 업체 집토스가 국토교통부 실거래가 자료를 분석한 결과, 6·27 대책 발표 직후인 7~8월 서울 아파트 전세 신규 계약 건수는 전년 동기 대비 30.4%(1만7396건→1만2108건) 줄었다. 경기에서는 33.4%(2만6495건→1만7644건) 감소했다. 신규 계약의 전세 보증금은 갱신 계약과 비교해 평균 7.9% 올랐다. 1년 전에는 신규-갱신 간 격차가 1.7%

전세 시장 전망

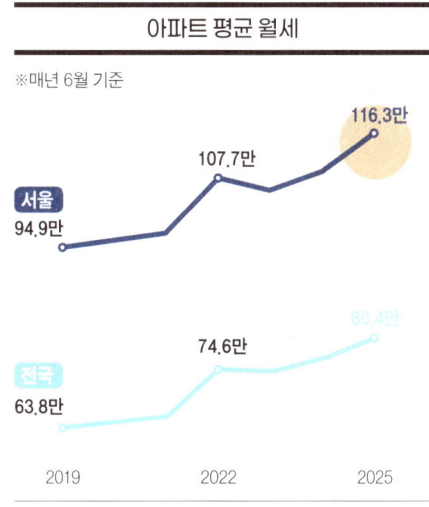

아파트 평균 월세
※매년 6월 기준
자료 한국부동산원, 단위 원

2025년 상반기에는 61.6%까지 증가했다. 전국 아파트 평균 월세(6월 기준)는 2022년 74만6000원에서 2025년 80만4000원으로 상승했다.

전셋값 안정세 이뤄질까

월세 시장이 활성화된 것은 2000년대 들어 이번이 세 번째다. 2000년과 2012년에도 월세가 주택 임대 시장의 주류를 차지할 것이란 전망이 나왔다. 1998년 IMF(국제통화기금) 외환위기와 2008년 글로벌 금융위기 이후 나타난 현상이다. 경제가 어려워지면서 마땅한 투자처가 사라지자 임대인이 월세를 올렸기 때문이다.

같은 시기 서울을 포함한 수도권에서는 전세가율(매매가 대비 전세가 비율)이 상승했다. 월세를 내는 것보다 전세 보증금 대출 이자를 갚는 게 더 경제적이라고 판단한 임차인이 전세 시장으로 눈을 돌렸기 때문이다. 월세화 현상으로 전세 매물이 줄어든 가운데, 전세 수요가 증가하면서 전셋값도 덩달아 올랐다. 결국 월세 시장의 불안이 전세 시장으로 전이된 셈이다.

> 실거주가 아닌 갭투자 목적의 주택 구입이 사실상 제한됐다.

에 불과했다. 서울 강남구 개포동 '디에이치아너힐즈' 전용 59㎡의 신규 계약은 평균 12억1000만원에 거래됐다. 갱신 계약(9억7167만원)보다 2억4000만원가량 높은 수준이다.

월세화 현상도 빨라지고 있다. 법원 등기정보광장에 따르면 2020년 주택 월세 거래는 전체 임대차 거래의 40.8%를 차지했다. 월세 거래량은 2022년 상반기 전세 거래량을 추월했고,

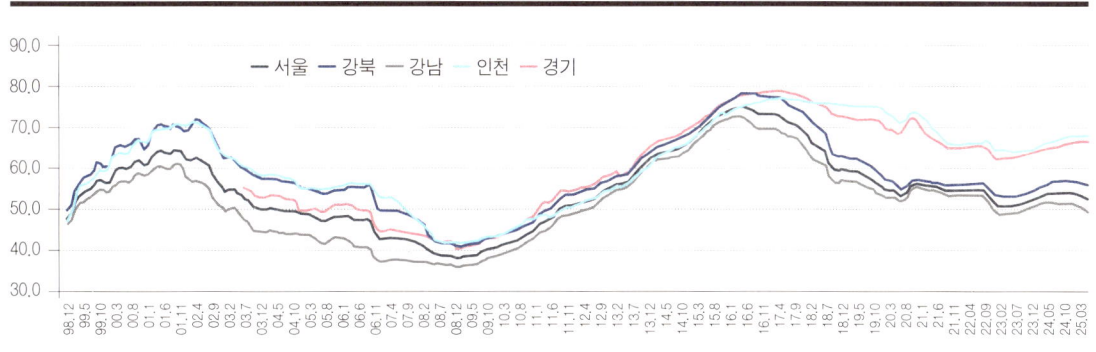

서울 및 수도권 전세가율 추이
자료 한국부동산원, 단위 %, 년

Section 3 | Strategy

이명박, 박근혜 정부의 주요 부동산 안정화 대책

2010년 8·29 대책
- 전세난 완화를 위한 임대주택 공급 확대
- 미분양 주택을 임대로 전환하도록 지원
- 서민, 실수요자 전세자금 대출 보증 확대

2011년 9·1대책
- 보금자리주택 확대 → 서민 전세 부담 경감
- 생애 최초 구입자 세제 혜택: 매매 수요 ↑
- 전세 시장 수급 불균형 완화 시도

2012년 2·29/9·1대책
- 전세대출 한도 확대 + 보증 조건 완화
- 임대사업자 세제 지원 강화(임대 ↑)
- 다주택자 양도세 중과 한시 폐지 (매물, 임대 공급 확대 목적)

※ MB 정부 후반기(2010~2012) → 전세대출 지원 + 임대 공급 확대로 단기 안정

2013년 4·1/8·28대책
- 행복주택, 공공임대 확대 로드맵 제시
- 기업형 임대사업자 육성
- 임대사업자 세제, 금융 혜택 강화
- 전·월세 시장 구조 개선 논의(계갱권 등)

2014년 9·1대책
- 민간 임대주택 공급 확대 기조 유지
- LTV, DTI 완화 → 전세수요/매매수요 전환
- 재건축, 분양규제 완화 → 공급 기반 확충

당시 정책 기조

전세대출 지원 + 임대 공급 확대
↓
민간, 기업 임대 육성 + 매매 시장 정상화

※ 박근혜 정부 초기(2013~2014) → 민간기업형 임대 시장 육성 + 제도 개선으로 구조적 안정 시도 이후 매매 수요로의 전환 강화

자료 신현강 네이버 카페 '부와 지식의 배움터(부지런)' 대표

> 월세화 현상으로 전세 매물이 줄어든 가운데, 전세 수요가 증가하면서 전셋값도 덩달아 올랐다.

전세가율은 2016년 80% 가까이 치솟았다. 서민 주거 안정을 위해 정부가 전세대출 규제를 대폭 완화한 영향이다. 2010~2012년 이명박 정부는 부동산 시장 단기 안정을 위해 전세대출 지원 및 임대 공급 확대 카드를 꺼냈다. 2008년 첫 도입된 전세대출 한도는 1억원에서 3억원, 5억원 순으로 확대됐다. 전세 시장으로 유입되는 현금이 늘면서 전셋값은 상승했다. 전세난은 좀처럼 사그라지지 않았다. 당시 '강남 4구'라 불렸던 서울 강남·서초·송파·강동구에서 재건축이 활성화되면서 이주 수요가 급격히 증가했기 때문이다. 각각 '헬리오시티'와 '고덕래미안힐스테이트'로 탈바꿈한 송파구 가락시영과 강동구 고덕시영이 대표적이다. 경기 침체에 따른 집값 하락으로 '깡통 주택'(집을 팔아도 대출금 또는 세입자 전세금을 갚지 못하는 주택)이 늘면서 서민의 주거 불안은 더욱 심화했다. 박근혜 정부는 임대 시장 안정을 위해 '민간·기업형 임대 시장 육성 방안'을 내놨다. 계약갱신청구권 등 제도 개선으로 구조적 안정을 시도하기도 했다. 매매 수요로 전환하기 위해 LTV(담보인정비율)와 DTI(총부채상환비율) 규제를 완화했다.

아파트 전셋값 당분간 상승 여전

2025년 부동산 시장은 13년 전과 비슷한 양상을 보인다. 정부의 정책 기조도 얼추 닮아 있다. 다만 이재명 정부는 전세대출을 막았다. 시장이 안정될 것이란 기대와 달리 갭투자를 부추겨 집값이 뛴 부작용을 되풀이하지 않겠다

전세 시장 전망

자료 신현강 네이버 카페 '부와 지식의 배움터(부지런)' 대표

는 방침이다. 9·7 주택공급 확대 방안을 통해 신축매입임대, 수도권 공공지원 민간임대 등 임대 공급을 늘리는 방안을 제시했다.

6·27 대책과 9·7 대책으로 주택 시장이 단기간에 안정화되는 것은 쉽지 않다. 정부는 2030년까지 수도권에 총 135만 가구를 공급(착공)하겠다고 밝혔다. 인허가 기준으로 발표한 과거 정부와 달리 착공을 기준으로 관리할 것을 강조했다. 정책 체감도를 높여 시장을 안심시키기 위해서다. 하지만 발표 후 성동·마포·광진구를 비롯한 서울 집값은 더 뛰었다. 2025년 입주를 목표로 2018년 '3기 신도시 조성 대책'을 발표했다. 아직 한 곳도 완공되지 않은 것에 대한 '학습 효과'가 작용한 것이다.

전셋값은 향후 더 오를 것으로 전망된다. 한국경제신문이 부동산 전문가 100명을 대상으로 '2025년 4분기 전국 아파트 전셋값 전망'을 설문 조사한 결과, 69명이 상승세를 이어갈 것으로 예상했다. 이 중 41%(28명)는 2026년 하반기까지 지속될 것으로 전망했다. 오세훈 서울시장은 서울 한강 벨트를 중심으로 재건축·재개발 등 정비사업을 활성화하겠다고 밝혔다. 전세 매물이 많지 않은 상황에서 이주 수요까지 몰리며 전셋값이 더 상승하게 된다. 보증금을 감당하기 힘든 수요자는 서울 외곽으로 눈길을 돌린다. 공급 대비 수요가 많아지면서 서울 외곽의 전셋값도 오른다. 이 같은 현상은 수도권 외곽으로 전이된다.

주거 불안이 지속될 경우 정부는 민간·기업 임대 시장을 다시 활성화할 가능성이 크다. 취득세, 양도세 등 세제 혜택을 제공하는 방법이 대표적이다. 주택을 새로 공급하는 데 적지 않은 시간이 필요한 만큼 전·월세 물건을 늘려 단기 안정을 꾀할 수 있다. DSR 규제 완화를 비롯한 '매매 시장 정상화' 방안도 있다. 서민 주거 안정이 최우선인 정부가 선택할 수 있는 '최후의 수단'이기 때문이다.

> 66 주거 불안이 지속될 경우 정부는 민간·기업 임대 시장을 다시 활성화할 가능성이 크다. 99

advice

신현강 네이버 카페 '부와 지식의 배움터(부지런)' 대표
네이버 카페 '부와 지식의 배움터(부지런)' 대표이자 20년 경력의 실력파 실전 투자자. 삼성생명, 삼성캐피탈, 현대캐피탈과 DB손해보험 등 금융업계에서 근무했다. 네이버 블로그 〈부룡의 부동산지식 공작소〉와 유튜브 채널 〈부룡의 부지런TV〉를 운영하고 있다.

Section 3 | Strategy

초고령화 시대, 시니어 하우스 투자해볼까

"박 대표, 노인 사업하지 마. 노인은 복지 대상자야." 박재병 대표가 시니어 토털 케어 기업인 케어닥을 창업하기 전에 지인들로부터 자주 들은 얘기다. 노인 인구가 앞으로도 계속 늘어난다는 걸 모르는 사람은 없다. 그러나 실버 세대를 타깃으로 한 부동산 투자는 아직 생소한 편이다. 노인은 소비 여력이 충분하지 않다는 판단, 시니어 주택 산업이 걸음마 단계라는 인식, 노인 주거는 복지의 영역이라는 시각 등의 이유로 '과연 돈이 될까'란 생각이 든다. 그러나 박 대표는 "초고령사회에 진입한 지금이 시니어 하우징 투자 적기"라고 조언한다. 이런 주장의 근거는 뭔지, 좋은 투자 상품을 고르는 안목은 어떻게 길러야 하는지 알아본다.

고령화 물결, 더 거세진다

2024년 말 한국은 초고령사회에 진입했다. 전체 인구 중 65세 이상 비중이 14%에서 20%로 늘어나는 데 단 7년 걸렸다. 일본(10년), 네덜란드(18년), 프랑스(39년) 등 해외 선진국과 비교할 때 고령화 속도가 압도적으로 빠르다. 한국의 중위연령은 47세다. 2072년엔 65세로 껑충 뛴다. 모든 연령층을 통틀어 인구가 늘어나는 건 노인밖에 없다.

유통과 패션, 콘텐츠 등 대부분 업종에서 시니어를 타깃으로 한 상품과 서비스를 내놓고 있다. 부동산 시장에선 아직 시니어 주거에 대한 관심이 덜한 편이다. 아파트나 상가 등에 비해 생소하고 투자 선호도도 낮다. 역으로 생각하면 투자 열기가 무르익지 않은 지금이 시니어 하우징에 관심을 기울일 좋은 기회가 될 수 있다는 진단이 나온다.

하지만 실버 세대를 타깃으로 한 투자는 괜히 망설여질 때가 있다. 고령자는 소비 여력이 충분하지 않다는 판단 때문이다. 노인 빈곤 문제를 다루는 뉴스를 쉽게 접할 수 있다. 그러나 통계청에 따르면 2023년 기준 60세 이상의 평균 순자산은 4억8630만원이다. 20·30세대(2억3678만원)의 두 배에 달한다. 소득이 아닌 자산을 기준으로 본다면 노인은 절대 가난하지 않다.

노인이 필요로 하는 서비스도 점점 다양해지고 있다. 노인복지법이 제정된 1981년 국내 평균수명은 66.7세였다. 즉 '1년 뒤 죽는 사람'이 노인이었다. 이땐 병간호 서비스 정도면 충분했다. 요즘은 대부분 80대까지 산다. 노인으

한국이 초고령사회에 진입한 만큼 시니어 하우징에 대한 관심은 늘어날 것으로 예상된다.

시니어 하우스 1

로 보내는 시간이 20년가량 길어진 만큼 여가와 식품, 의료, 주거, 금융, 체육 등 다양한 실버 케어 서비스에 대한 수요가 커질 수밖에 없다. 앞으로 모든 산업은 직·간접적으로 '노인의 의식주를 누가 잡는가'의 게임이 될 수밖에 없다는 전망이 나온다.

실버 주택, 너무 비싸지 않을까

시니어 돌봄과 주거는 복지의 영역이란 시각도 있다. 민간에서 관련 산업이 얼마나 성장할 수 있느냐는 회의적 시선이 따른다. 하지만 정부는 돈이 없다. 노인장기요양보험 재정수지는 이미 적자다. 2050년이면 1710만 명이 돌봄 공백에 처할 전망이다. 베이비부머 세대가 본격 고령화의 길로 접어들고 있다. 여성 경제활동률 증가, 출산율 감소, 자녀의 부모 부양 의지 감소 등 여러 변화가 몰아닥치고 있다. 이런 상황에서 '효도의 아웃소싱 시대'는 불가피하다는 관측이 나온다.

케어닥에 따르면 2023년 기준 국내에 총 219개 시니어 하우징이 있다. 미국과 일본엔 각각 3만8500개, 5만2874개의 시설이 있다. 고령인구 대비 시니어타운 비율을 살펴봐도 한국(0.1%)이 미국(4.8%)과 일본(2.7%)에 비해 턱없이 낮다. 즉 수요는 폭발적으로 늘고, 공급은 절대적

1. 2017년 준공한 서울 강남구 자곡동 노인복지주택 더시그넘하우스.
2. 서울 마포구 상암동에 있는 노인복지주택 카이저팰리스.

초고령사회

UN 기준 65세 이상 인구 비율이 20% 이상인 사회를 '초고령사회'라고 한다. 한국은 고령사회(14% 이상)에서 초고령사회로 진입하는 데 7년 걸렸다. 일본(10년), 네덜란드(18년), 프랑스(39년) 등 다른 선진국보다 빠르다.

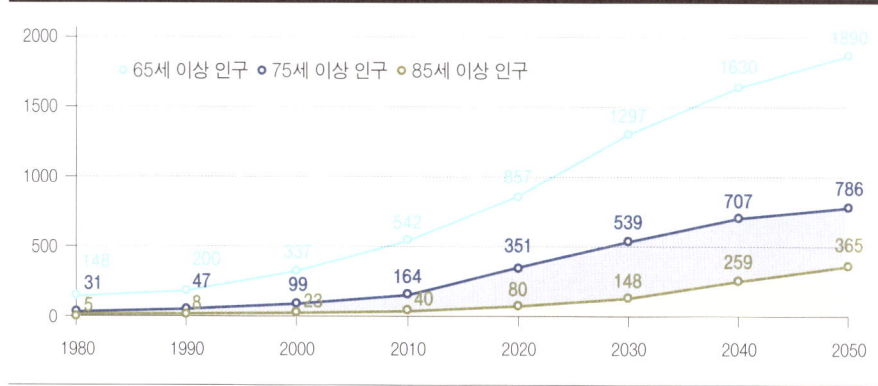

한국 노인인구 증가 추이

※2030년부터는 추정치 자료 케어닥, 단위 만 명

Section 3 | Strategy

3. 삼성생명의 고급 실버타운 '노블카운티' 전경.
4. 대우건설과 시행사 엠디엠의 실버타운 의왕 '백운호수 푸르지오 숲속의 아침'.

으로 부족하다. 시니어 하우징에 관심을 기울여야 하는 이유다. 일본도 2006년 초고령사회에 진입한 이후 돌봄의 민영화로 방향을 틀었고, 시니어 하우징 산업이 급성장했다.

월 이용료가 400만~500만원 수준인 시니어 주택이 적지 않다. 너무 비싸서 수요층이 제한적인 것 아니냐는 우려가 나올 수 있다. 그러나 시니어 하우징을 단순히 '집'으로만 생각하면 안 된다. 집의 편안함, 병원의 전문성, 요양원의 집중 케어 등을 모두 누릴 수 있는 공간이다. 이를 감안하면 실버 주택 입소 비용은 전혀 비싸지 않다. 예컨대 부모가 본인 집에서 간병인을 이용하며 노년 생활을 보내는 걸 가정해 보자. 월 간병비만 400만원에 달하고 주거비와 식비, 기타 관리 비용 등을 합치면 월 700만원을 웃도는 경우가 적지 않다. 시니어 하우징은 규모의 경제와 분업화, 전문화 등을 통해 오히려 비용을 아낄 수 있다는 장점이 있다.

'운영사의 시대'가 열린다

시니어는 하나의 계층이 아니란 걸 이해하는 것도 중요하다. 노인의 층위는 매우 다양하다. 일제강점기와 한국전쟁 등 결핍과 생존의 시대를 경험한 90대(1930년대생)는 절약과 실용 중심의 소비를 추구한다. 산업화의 초석을 닦은 80대(1940년대생)는 가족을 위한 책임감이 강하다. '한강의 기적'을 보고 자란 70대(1950년대생)는 건강과 여가, 자기 계발에 관심이 높다. 60대는 '내가 왜 노인?'이란 마인드를 갖고 있다. 타깃층에 맞는 상품과 서비스가 다양하게 마련될 전망이다.

최근에는 건강한 '액티브 시니어'를 겨냥해 호텔식 서비스 등을 제공하는 시설이 주로 개발되고 있다. 앞으론 80대 등 후기 고령자를 타깃으로 돌봄 전문 업체(오퍼레이터)가 월세 기반으로 운영하는 '기업형 시니어 하우징' 사업이 더욱 커질 것으로 보인다. 병간호와 요양 관련 인력을 구하기 쉽지 않고, 관리상 어려움도 많아 운영 난이도가 높은 유형이다. 그러나 국내에서도 점점 전문 운영사가 늘고 있다.

한·미·일 시니어 하우징 점유율/공급 비교

국가	시설 수	정원	고령인구 대비 시니어 타운 비율
한국	219	1만8592	0.10
미국	3만8500	270만	4.80
일본	5만2874	96만	2.70

※2023년 기준 **자료** 케어닥, **단위** 곳, 명, %

시니어 하우스 1

그동안 부동산 개발의 키를 건설사, 시행사, 금융사가 차례로 쥐었다면 향후 '운영사의 시대'가 열릴 것이란 얘기다.

그렇다면 유망한 시니어 하우징 시장에 어떻게 투자해야 할까. 다양한 방법이 있다. 먼저 분양형으로 공급된 시니어 레지던스를 매수하는 것이다. 일반 아파트처럼 소유권을 분양받은 뒤 매각해 시세차익을 얻거나 임대수익을 창출하는 방식이다. 다만 아파트만큼 거래가 많지 않아 '엑시트'가 쉽지 않을 수 있다. 리츠(부동산투자회사)나 펀드에 간접 투자할 수도 있다. 전문 운용사가 자산 관리를 해주는 데다 소액으로 투자할 수 있는 게 장점이다.

헬스케어 리츠·펀드 투자 주목

미국이나 일본에선 이미 리츠·펀드 투자가 활성화돼 있다. 가령 미국에선 시니어 하우징 리츠의 배당수익률이 데이터센터 다음으로 높다. 국내에선 아직 초기 단계지만, 앞으로 각종 '헬스케어 리츠'가 활성화될 것으로 예상된다. 리츠 투자를 통해 꼬박꼬박 얻는 배당수익으로 본인의 시니어 주택 거주 비용을 마련하는 구조도 짤 수 있다. 내가 투자한 시설에 내가 입소하는 것도 좋은 방법이 될 수 있다.

고급형 시니어 레지던스의 입주권이나 회원권에 투자할 수도 있다. 골프장 회원권과 유사한 구조다. 자산가라면 직접 개발이나 지분 투자를 고려해봄직하다. 초기 자본금과 인허가 리스크는 부담이다. 성공 때 높은 수익률을 기대할 수 있다. 시니어 하우징 투자 성공을 위해 몇 가지 알아둬야 할 공식도 있다. '병품타(병원 품은 실버타운)', '산세권(산책로를 갖춘 단지)' 등의 키워드를 기억해야 한다.

부모를 모실 실버 주택을 고를 때 체크해 봐야 할 리스트도 있다. 인구가 감소하는 지방이나 소도시는 리스크가 있을 수 있다. 입주민이 감소하면 운영 비용이 증가할 수 있어서다. 실제 운영사와 사업 주체가 누구인지도 확인해 봐야 한다. 지금 원하는 서비스뿐 아니라 케어나 재활 등 5~10년 후에 필요로 하는 서비스도 제공하는 시설인지도 따져봐야 한다. 선분양 단지보다는 준공 후 입주 단지가 좋다는 평가도 나온다.

다양한 유형의 시니어 하우징 투자 방법

구분	장점	단점
분양 시니어 레지던스 투자	○실물자산 확보 ○임대수익 가능	○아파트만큼 거래가 많지 않음 ○운영 서비스 품질에 따라 가치 변동
리츠·펀드 간접투자	○소액 투자 가능 ○전문 운용사가 자산 관리	○기초자산 투명성 문제 ○시장 상황에 따라 배당수익률 변동
보증금 입주권·회원권 투자	○초기 프리미엄 시세차익 가능 ○본인, 부모, 지인 결합 가능	○운영사 신뢰도에 따라 가치 변동 ○낮은 유동성과 매수자층
직접 개발, 지분 투자	○성공 때 높은 수익률 ○본인이 사업 주체로 의사결정 가능	○전문적 개발 부동산 지식 필요 ○초기 자본금, 인허가 규제 리스크

자료 케어닥

advice

박재병 케어닥 대표
2018년 시니어 하우징 전문 운영사 케어닥을 설립했으며, 사회복지사이자 국토부 시니어 하우징 통합 TF 위원, SH공사 시니어 레지던스 자문위원 등의 활동을 했다.

Section 3 | Strategy

'디지털 시니어'를 모십니다
시니어 레지던스 주목!

서울 송파구에 공급 예정인 시니어 레지던스 조감도.

20~30대는 흔히 '젊은 층'으로 통칭하지만, 이들을 하나의 세대로 묶긴 힘들다. 성별에 따라 취향과 선호도가 크게 엇갈린다. 1990년대 생인지 2000년대에 태어났는지에 따라 가치관이나 생활 습관이 다르다. '시니어'도 마찬가지다. 60대부터 90대까지 모두 '노인'이라 불리지만, 이들은 여러 '다른 집단'으로 세분돼 있다. 시니어 주택 개발·투자에 관심이 있다면 이런 디테일한 차이를 잘 알아야 한다.

'디지털 시니어' 시대
요양 중심 실버타운은 통할까

서동원 홈플러스 의장은 시니어에 대한 고리타분한 인식에서부터 벗어나야 한다고 조언한다. 요새 노인은 '디지털 시니어'라는 얘기다. 고연령자 10명 중 7명가량이 유튜브에서 정보를 습득한다. 모바일 쇼핑도 곧잘 한다. 과거에 '어르신'이라고 하면 수동적이고 보수적인 성향이 강했다. 이들은 필수적 소비만 하는 검소한 태도를 보였다. 요새 60대 이상은 적극적이고 미래지향적이다. 1970년대에 비하면 기대수명도 20년 가까이 늘었다. '뉴노멀 시니어'한테 단순히 요양 서비스 중심의 실버타운은 '공급자적 시각'이 될 수 있다는 지적이다.

보호에 대한 니즈가 약해졌다면, 요즘 노인들

시니어 하우스 2

은 굳이 실버 주택에 들어가기보다 기존에 살던 집에서 계속 살고 싶어 하진 않을까. 그러나 현실적으로 시니어 레지던스 입소를 고려할 수요는 충분하다는 평가가 나온다. 유주택자는 현금흐름 부족 문제에 직면한다. 반면 세금이나 건강보험료 등은 계속 내야 한다. 실버 주택에 입소한 뒤 기존 주택을 전·월세로 돌려 현금흐름을 창출하는 선택을 할 공산이 크다. 무주택자라면 안정적인 대체 주거지를 마련해 주거 불안정을 해소하려는 니즈가 있다.

그렇다면 어떤 시니어 주택이 인기를 끌까. 홈플릭스는 공빠TV·삼정KPMG 등과 함께 시니어 레지던스 관심 고객 1011명을 대상으로 수요 실태 조사를 했다. 이 결과에 따르면 남성과 여성의 니즈가 다르다는 게 눈에 띈다. 남성은 부부가구 선호도가 76.3%로 매우 높았다. 여성도 "남편과 함께 시니어 주택에서 거주하고 싶다"는 답변이 가장 높긴 했지만, 비율은 62.8% 수준이었다. 대신 단독가구(27.3%)나 친구 및 형제와 거주(9.8%) 등에 대한 선호도가 남성보다 높았다.

시니어 레지던스 '위례 심포니아'.

삼식 vs 1~2회 식사
인프라 선호도에서 남녀 차이 뚜렷

주택 크기의 경우 남성과 여성 모두 전용 59㎡(25평) 정도를 가장 선호했다. 다만 전용 84㎡(33평) 이상에선 남성의 선호도가 더 높았고, 전용 40㎡(18평) 이하에선 여성의 선호도가 더 높았다. 월 식사 이용 횟수에서도 차이가 났다. 남성은 삼식 등 규칙적이고 잦은 식사 서비스를 원하는 반면 여성은 하루 1~2회 식사 등을 더 선호했다. 여성은 친구나 지인 등과 밖에서 따로 식사하는 시간도 간간이 필

> 시니어 레지던스는 '디테일한 수요' 파악이 핵심. 남성은 '건강 관리'를, 여성은 '식사와 가사 해방'을 중요하게 여긴다.

성별에 따른 시니어 레지던스 선호 차이

구분	남성	여성
주택 규모 및 형태	넓은 평수(전용 85㎡ 이상) 선호	작은 규모 주택 선호
가구 형태	부부가구 선호(76.3%)	단독/친구·형제가구 선호도 높음
주변 시설	최소한의 시설만 필요	백화점, 대중교통 등 다양한 시설 요구
중요 서비스	의료 지원 서비스 중시	취미·여가, 셔틀 서비스 중시
입주 목적	건강관리 목적 강함	식사·가사노동 해방 목적 강함

자료 홈플릭스

Section 3 | Strategy

선호 입지별 시니어 레지던스 차이점

강남 3구
- ◆ 가져다주는 배식 방식 선호도 높음
- ◆ 카페 시설 중요도 높음
- ◆ 입지 중요도 매우 높음
- ◆ 평생 거주 희망 비율 높음

강북 고급 주택
- ◆ 도서관 시설 중요도 높음
- ◆ 서비스 프로그램 중요도 높음
- ◆ 10년 거주 희망 비율 높음

비수도권·신도시
- ◆ 셀프 배식 선호도 높음
- ◆ 취미·여가 프로그램 선호도 높음
- ◆ 식사 수준 중요도 높음
- ◆ 단기 거주 성향 강함

자료 홈플릭스

> "'여심(女心)'과 '입지'가 중요. 시니어 주택 결정권은 주로 아내에게 있을 확률이 높다."

요한 만큼, 매끼 챙겨주는 서비스를 굳이 원하지 않는 것이다.

여성이 남성보다 주변 인프라에 더 민감하게 반응하는 것도 같은 맥락이다. 여성은 시니어 레지던스를 고를 때 백화점이나 지하철역, 버스 정류장 등의 접근성이 뛰어난지를 매우 중요하게 여긴다. 남성은 이에 둔감한 편이다. 남성은 건강관리 목적으로 실버 주택 입소를 고려하고 있는데, 여성은 식사나 가사노동에서의 해방에 더 큰 의미를 부여하고 있기 때문이다. 일반적으로 시니어 주택 결정권은 부부 중 아내한테 있을 확률이 높다. 도심에 있으면서 여성에 특화한 시니어 레지던스가 앞으로 큰 주목을 받을 것이란 전망이 나오는 배경이다.

실제로 시니어가 물 좋고, 공기 좋은 외곽의 실버타운을 선호할 것이란 생각은 오해다. 지역적으로 선호도를 조사한 결과 서울 송파구의 선호도가 가장 높았다. 결국 중요한 건 인프라다. 특히 연령대가 낮을수록 송파구에 대한 호감도가 높았다. 입지에 따라 거주 희망 기간이 차이가 나는 점도 주목할 만하다. 강남 3구(강남·서초·송파)의 경우 평생 거주 희망 비율이 55.6%다. 그러나 분당, 일산 등 수도권 1기 신도시에선 2~3년 거주 희망 응답 비율(21.6%)이 상대적으로 높다.

비강남권의 경우 "일단 몇 년 살아보고 판단하겠다" 심리가 작동한다는 얘기다. 현재 기준 시니어 주택은 보통 한 달에 400만~500만원 정도의 이용료를 부담할 수 있는 수요자를 타깃으로 하는 비즈니스라는 걸 감안하면 이런 현상을 이해하기 쉽다. 부자들은 자기가 살던 동네를 떠나지 않는 속성이 있기 때문이다. 현재 시니어 주택에 단순히 노인만 관심을 가진 것도 아니다. 40대 독신가구 등 젊은 층이 노후 대비 차원에서 벌써 시니어 주택 상담받는 사례도 있다고 한다. 미래 수요층의 취향과 선호를 미리 반영하는 게 중요하다는 평가다.

시니어 하우스 2

시니어 하우스를 위한 'VIP 맞춤형 서비스'

시니어 레지던스는 어떤 시설과 서비스를 갖춰야 할까. 예컨대 수영장이나 골프 연습장 등은 의외로 '부자 동네'에선 선호도가 낮다. 자산가들은 이미 '다니던 시설'이 따로 있기 때문이다. 사실 실버 주택 입소자가 가장 중요하게 여기는 서비스 중 하나가 식사다. 그러나 마냥 호텔식 식사 서비스를 제공하는 게 능사는 아니다. 오히려 365일 내내 뷔페식을 먹다 보면 질릴 수 있다. 업체는 좋은 음식 재료, 전문 영양사, 다양한 메뉴 개발 등을 통해 식사 만족도를 높이는 데 가장 주력해야 한다는 평가가 나온다. 지하 공간에 식당을 마련하는 곳이 많다. 하지만 햇볕을 쬐면서 식사를 할 수 있는 공간이 더 선호도가 높은 편이다.

연령대가 높아질수록 사우나에 대한 선호도는 높아지고, 게스트하우스 선호도는 낮아지는 현상도 주목할 만하다. 수도권 신도시 지역에선 수영장을, 강남 3구에선 카페를 중요하게 여기는 경향이 나타난다. 거주 면적에 따른 취향 차이도 나타난다. 대형 평형 거주자일수록 청소·세탁 도우미 서비스를 중시한다. 소형

시니어 레지던스 '마곡VL르웨스트' 조감도.

선호 입지별 공용시설 선호도

지역	수영장	도서관	카페
강남 3구	25.0	13.0	24.0
강북 고급 주택	9.0	36.4	10.0
1기 신도시	31.0	22.0	10.0

자료 홈플릭스, 단위 %

평수 거주자는 도서관에 대한 선호도가 상대적으로 높다. 현재 거주 유형에 따른 차이도 눈에 띈다. 아파트 거주자는 여행 프로그램에 대해 가장 열린 태도를 보인다. 단독주택 거주자는 식사·가사노동의 해방을 가장 중요한 입주 목적으로 여긴다. 빌라 거주자는 서비스 프로그램을 중시하는 경향이 있다.

서 의장은 시니어 레지던스 규모도 중요하다고 본다. 개발업자들은 대규모 시설을 짓는 걸 원한다. 하지만 VIP 서비스를 제대로 제공하려면 최대 50명 정도 수준이 적절하다는 판단이다. 소수를 대상으로 운영하는 산후조리원과 비슷한 콘셉트다. 서 의장은 시니어 주택은 일반 아파트처럼 가구 단위로 판매하는 비즈니스가 아니라고 조언한다. 가치를 올려 '가구'가 아닌 '회사' 단위로 엑시트하거나, 축적된 입소자들의 의료와 재무 등 데이터를 바탕으로 자산가 케어 서비스로 확장할 수 있다는 얘기다.

> 시니어 데이터를 기반으로 한 섬세한 케어가 핵심 전략이다.

advice

서동원 홈플릭스 의장

부동산 개발 및 PM 전문가. CCD 친친디그룹 의장으로 지난 15년간 200여 건 이상의 프로젝트를 성공시켰다. 부동산 프롭테크 스타트업 '홈플릭스'를 통해 잠실에 400억원 규모의 도심형 시니어 레지던스를 운영 중이다.

Section 3 | Strategy

"2년은 길다… 딱 필요한 만큼만" '단기 임대' 폭풍 성장

서울 서초구 반포 빌라 밀집 지역.

부동산 임대차 시장의 새로운 트렌드로 '단기 임대'가 주목받고 있다. 서울 강남권을 중심으로 커지기 시작한 단기 임대 시장은 임차인 수요 증가, 임대 방식의 변화, 제도적 유연성 등이 맞물리며 빠르게 성장하고 있다. 단기 임대 플랫폼 '삼삼엠투'를 서비스하고 있는 박형준 스페이스브이 대표는 "경제·사회적 변화로 단기 임대 수요가 크게 늘고 있다"며 "임차인과 임대인 모두에게 효율성을 제공하는 임대차 방식"이라고 말한다. 건물주나 집주인 입장에서는 임대 수익을 최대 30%가량 늘릴 수 있는 방법이 되고 있다. 다만 관리 비용과 공실 문제, 법적인 문제 등은 단기 임대 시장의 걸림돌이란 지적도 있다.

임대인-임차인 '윈윈' 가능한 임대 구조 강남권 중심으로 확산

서울 강남권과 용산구 이태원 등을 중심으로 시작된 단기 임대 시장은 MZ(밀레니얼+Z) 세대 등 젊은 층을 중심으로 최근 수요가 급증하고 있다. 기존의 임대차 시장은 2년 단위 전세나 월세 계약이 대부분이었다. 하지만 직장을 자주 옮기거나 근무지를 자주 바꾸는 사회·경제 구조의 변화, 인구 이동의 가속화 등으로 거주 형태도 점점 더 유연해지고 있다.

단기 임대

서울 시내의 한 부동산 중개업소 모습.

폭발적 시장 성장과 수요 다변화

삼삼엠투는 2019년 출시 이후 매년 폭발적인 성장을 거듭해왔다. 2020년에는 126건에 불과하던 단기 임대 계약 건수가 2022년 4449건, 2023년 2만934건으로 증가했다. 2024년에는 7만 건을 돌파했고, 2025년은 20만 건 이상을 예상한다. 월간 약 2만 건에 이르는 수치다. 국내에서 매달 이뤄지는 월세 계약이 갱신 포함해서 9만~11만 건, 전세는 5만~7만 건인 것을 감안하면 시장이 크게 성장하고 있다는 것을 입증한다.

단기 임대는 특히 젊은 층에서 수요가 폭발적으로 늘고 있다. 삼삼엠투 분석에 따르면 단기 임대 이용자는 연령별로 20~40대가 전체의 약 78%를 차지한다. 30대가 29.8%로 가장 많고, 20대(21.9%)와 40대(26.1%)가 뒤를 잇는다. 50대 이상은 주로 자녀의 대학 진학이나 취업에 따라 마땅한 집을 찾는 동안 단기 임대를 활용하는 경우가 많다.

단기 임대를 찾는 목적은 주로 다음과 같다. 이사 날짜가 맞지 않거나, 인테리어 공사 기간

단기 임대는 1주일 이상, 통상 1년 미만의 임대차 계약을 의미한다. 기존의 장기 임대에 비해 계약 기간은 짧지만, 특정 기간으로 한정할 때 임대료는 상대적으로 높게 책정된다. 박 대표는 과거 중개보조원 시절부터 강남에서 단기 임대 시장을 경험하며 그 가능성을 일찍 발견했다. 당시 그는 역삼동 인근 공인중개사 사무소에서 수백 건에 달하는 단기 임대 계약서를 작성하며 시장의 비효율성과 수요 대비 공급이 부족하다는 것을 깨달았다. 이를 바탕으로 7년 전 스페이스브이를 창업했고, 2019년 12월 단기 임대 플랫폼 삼삼엠투 서비스를 출시했다.

박 대표는 "단기 임대는 임대인과 임차인 모두가 '윈윈(win-win)'할 수 있는 구조"라고 말한다. 임차인은 필요한 기간만큼 거주해 비용을 절감할 수 있고, 임대인은 기간을 세분화해 더 높은 단가로 집을 내놓을 수 있기 때문이다. 평균적으로 한 달 단위로 계산하면 단기 임대의 임대료는 장기 임대보다 30%가량 높다. 관리 비용과 공실 리스크를 감안하면 실제 수익률은 낮아지지만, 꾸준히 수익을 창출할 수 있다는 점에서 많은 임대인이 단기 임대에 눈을 돌리고 있다.

> 단기 임대 시장이 폭발적으로 성장하며 국내 임대차 시장의 트렌드로 급부상하고 있다.

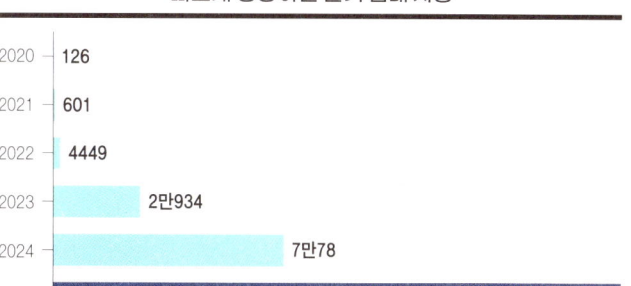

빠르게 성장하는 단기 임대 시장

연도	건수
2020	126
2021	601
2022	4449
2023	2만934
2024	7만78
2025	20만

※2025년은 전망치. 삼삼엠투 거래 기준 **자료** 스페이스브이, **단위** 건

Section 3 | Strategy

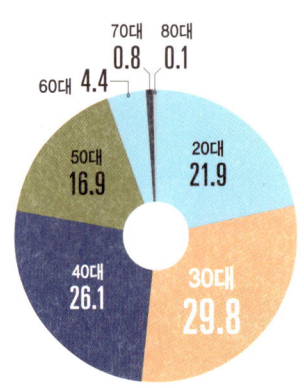

78%
젊은 층 단기 임대 이용자

단기 임대 이용자는 20대부터 40대까지의 젊은 층이 전체의 약 78%를 차지하고 있다.
자료 스페이스브이

중 임시 거주 공간이 필요한 경우가 많다. 또 지방 장기 출장, 프로젝트 파견, 대학병원 실습 등 이동형 직종 종사자들이 주 이용자가 되기도 한다. 간호대 실습생 수요는 특히 주목할 만하다. 전국 약 10만 명의 간호대생 중 매년 2만5000명이 최소 2~3개월씩 병원 실습을 위해 다른 지역으로 이동하기 때문이다. 이들은 일정 기간만 거주할 주택이 필요하기 때문에 단기 임대 플랫폼의 주요 고객군으로 자리 잡고 있다. 이 밖에도 해외 교포, 유학생, 디지털 노마드(유목형 거주자) 등 이용층이 확대되고 있다.

공급자는 임대 관리 업체로 운영 효율화

단기 임대 시장 공급자는 주로 강남권에 몰려 있다. 삼삼엠투 자체 분석에 따르면 강남역에서 삼성역에 이르는 테헤란로 일대 건물 기준으로 20%가량은 단기 임대를 활용하고 있다. 강남 건물주나 집주인들은 자산 운용에 대한 이해도가 높아 임대수익률을 높이는 데 관심이 크고, 단기 임대를 통해 월 임대료를 기존 대비 20~30% 높여 추가 수익을 내고 있다는 것이다. 단기 임대는 기간이 짧아질수록 단가는 올라가는 특성이 있다. 관리의 어려움은 임대 관리 업체 등을 활용해 해결하는 추세다. 입주자 관리, 청소, 계약 등을 대신 해주면서 관리 비용은 임대료의 약 4~5% 수준만 받는다. 총수익 증가 효과를 감안하면 효율적 선택이 되는 셈이다.

최근에는 법인도 단기 임대에 대한 관심이 커지고 있다. SK디앤디, MGRV, KT에스테이트 등과 같은 기업이 '코리빙(공유 주거)' 시장에 뛰어들어 다양한 단기 임대 상품을 내놓고 있다. 외국 자본도 한국 단기 임대 시장의 문을 두드리고 있다. 홍콩, 영국, 싱가포르 등의 자본이 국내 단기 임대 시장에 유입되고 있다. 해외 교포, 외국인 근로자 증가 등과 맞물려 시장이 커지고 있다.

법적·제도적 한계도 존재

시장 성장에도 법적인 한계가 있다. 한국의 주

단기 임대

오피스 빌딩이 몰려 있는 서울 강남 테헤란로 일대 모습.

택 임대차 보호법은 원칙적으로 임대차 계약 기간을 2년으로 간주하도록 규정해 단기 임대를 어렵게 만들었다. 임대차 보호법 제4조에서 '2년 미만 계약은 2년으로 본다'고 명시해놓았기 때문에 집주인의 2년 계약, 이후 갱신권을 활용한 추가 2년 계약이 굳어졌다. 그러나 같은 법 제11조는 "일시 사용이 명백한 경우 계약 기간 2년을 적용하지 않는다"고 밝혀 단기 임대가 법적 테두리 안에서 운영될 수 있는 근거를 마련했다. 단기 임대는 계약 갱신 청구권이 발생하지 않아 유연한 계약을 할 수 있게 된 것이다.

다만 단기 임대는 숙박업과의 모호한 경계에 있는 점도 주의해야 한다. 삼삼엠투가 최소 1주일 이상 단위로만 계약을 하도록 한 이유다. 하루나 이틀짜리 초단기 계약은 숙박업을 침해하는 법적 문제를 일으킬 수 있기 때문이다.

디지털 노마드, 1·2인 가구 증가가 동력
국내 임대차 시장의 '새 모델'로 부상

박 대표는 단기 임대 시장의 성장 배경을 크게 두 가지로 요약한다. 첫째, 경제적 변화다. 글로벌화와 도시 간 이동이 활성화되면서 근무 형태도 변화하고 있다. '디지털 노마드'라 불리는 장소에 구애받지 않는 근로자들이 증가하며, 이들은 계약 기간의 유연성을 중시한다. 앞으로 디지털 노마드가 전체 노동 인구의 30~50%까지 늘어날 것이란 보고서들도 나오고 있다.

둘째, 사회적 변화이다. 1인 가구와 자녀가 없는 2인 가구가 급증하면서 거주지에 대한 수요도 유연해지고 있다. 이뿐만 아니라 전세 감소와 월세 증가 추세도 단기 임대 시장의 성장에 기여한다. 이 같은 변화는 임대 시장에 새로운 지형을 만들고, 전통적인 임대차 계약과 단기 임대가 조화를 이루는 '하이브리드' 임대 시장을 창출할 수 있게 한다.

단기 임대 시장은 기존 부동산 임대 구조의 한계를 보완하고, 변화하는 사회·경제적 환경에 부응하는 새로운 임대차 모델로 부상하고 있다. 삼삼엠투의 사례는 플랫폼을 통한 시장 혁신이 실제 성과로 이어지고 있음을 보여준다. 국내 부동산 임대차 시장이 더 효율적이고 유연한 방향으로 성장하려면 단기 임대 확대와 함께 법적·제도적 보완이 필요하다. 앞으로 급변하는 라이프스타일과 근무 환경에 맞춘 단기 임대를 비롯한 다양한 방식의 임대차 시장이 커질 것으로 예상된다.

> 일과 거주의 경계를 허무는 '디지털 노마드'와 폭증하는 1·2인 가구로 인해 '딱 필요한 만큼만 사는' 새로운 주거 형태가 강력한 임대차 모델로 자리 잡았다.

advice

박형준 스페이스브이 대표

공인중개사 업무 경험을 바탕으로 다양한 프롭테크(부동산 스타트업) 사업을 하다가 2019년 말 삼삼엠투 서비스를 처음 선보였다. 2024년에만 7만 건의 단기 임대 계약을 성사시켰다.

한국경제신문
'집코노미' 바로가기

집코노미는 한국경제신문의 부동산 투자 뉴스 브랜드입니다. 입지·세금·투자 전략 등 뉴스 제공은 물론 매년 9~10월 중 '집코노미 박람회'를 개최해 이듬해 부동산 투자 전략과 달라진 정책 해설 등 국내 최고 전문가들의 인사이트를 얻을 수 있는 기회도 마련하고 있습니다.

〈2026 부동산 대전망〉을 만든 스페셜리스트

Specialist...

집코노미 박람회 2025 강연자

강은현 부동산 경매 및 투자 전문가다. EH경매연구소 소장을 역임했으며, 현재 명도 경매연구소장, 건국대 부동산대학원 및 한양사이버대 겸임교수로 활동하고 있다.

김용남 글로벌PMC 대표이사 사장이다. 국내 대표 해외 부동산 투자 전문가로 일본 외에도 UAE 두바이, 말레이시아 등 다양한 국가의 투자 상품 발굴 및 자문 서비스를 제공하고 있다.

김은진 부동산 대출 전문가. 주택담보대출, 전세자금 대출, 신용대출 등 다양한 대출 상품에 대한 창의적이고 실질적인 활용 전략을 제공하고 있다. 네이버 블로그 '레오대출연구소'를 운영하고 있다.

김제경 투미부동산컨설팅 소장. 건국대학교 일반대학원에서 도시재생학 박사 수료, KB금융지주 경영연구소에서 부동산 현장자문단으로 활동하고 있다. 〈시장을 이기는 부동산 투자 원칙〉 등을 썼다.

김종율 국내 상가 투자 전문가. 현장통으로 불리며, 한국미니스톱, 삼성테스코(홈플러스), GS리테일 등에서 점포 개발 전문가로 10여 년간 근무한 베테랑이다. 토지·상가 투자 및 경매 실전 강의를 제공하는 아카데미와 온라인 강의 사이트 '김종율닷컴'을 운영하고 있다.

김학렬 대한민국 대표 부동산 전문가이자 칼럼니스트다. 현재 스마트튜브 부동산조사연구소 소장을 맡고 있으며, 유튜브 '스튜TV'와 네이버 블로그 '빠숑의 세상 답사기' 등에서 활발하게 대중과 소통하고 있다.

박민수 부동산 세금 전문가로 더스마트컴퍼니 대표를 맡고 있다. 유튜브 채널 '채널 제네시스박'과 블로그를 운영하며 부동산 세금 용어와 공식을 쉽게 설명해 '부동산 절세 분야 일타강사'로 불리고 있다.

박재병 2018년 시니어 하우징 전문 운영사 케어닥을 설립했으며, 사회복지사이자 국토부 시니어 하우징 통합 TF 위원, SH공사 시니어 레지던스 자문위원 등의 활동을 했다.

박지민 부동산 청약 및 분양권 분야 전문가. 부동산 청약 전략, 분양권 투자, 청약통장 활용법, 지역별 및 가점별 청약 맞춤 컨설팅을 하고 있다. 네이버 블로그 '월용이의 부동산 일지', 네이버 카페 '월급을 용돈으로'를 운영하며 정보를 제공하고 있다.

박형준 공인중개사 업무 경험을 바탕으로 다양한 프롭테크(부동산 스타트업) 사업을 하다가 2019년 말 삼삼엠투 서비스를 처음 선보였다. 2024년에만 7만 건의 단기 임대계약을 성사했다.

배문성 한국기업평가, 한국수출입은행을 거쳐 외국계 자산운용사 등에서 근무했다. 〈부동산을 공부할 결심〉 등의 책을 펴냈다.

서동원 부동산 개발 및 PM 전문가. CCD 친친디그룹 의장으로 지난 15년간 200여 건 이상의 프로젝트를 성공시켰다. 부동산 프롭테크 스타트업 '홈플릭스'를 통해 잠실에 400억원 규모의 도심형 시니어 레지던스를 운영 중이다.

신현강 네이버 카페 '부와 지식의 배움터(부지런)' 대표이자 20년 경력의 실력파 실전 투자자. 삼성생명, 삼성캐피탈, 현대캐피탈과 DB손해보험 등 금융업계에서 근무했다. 네이버 블로그 '부룡의 부동산 지식 공작소'와 유튜브 채널 '부룡의 부지런TV'를 운영하고 있다.

윤인한 공공임대주택 청약 전문가. SH 경력을 바탕으로, 주로 청년·신혼부부를 위한 행복주택 공략법에 대해 강연 및 정보 제공하고 있다. 유튜브 채널·네이버 카페 '아영이네 행복주택'을 운영하고 있다.

이상우 부동산 전문 애널리스트이자 투자 전문가. 부동산 시장 전망 및 분석, 자산 관리, GTX 등 교통망 개발에 따른 부동산 가치 변화 분석을 전문으로 하고 있다. 대우조선해양 근무 후 토러스투자증권, 하나대투증권, 유진투자증권 등 증권사에서 산업재 전문 애널리스트로 활동했다.

이주현 학군 부동산 전문가. 교육과 부동산 현장의 경험을 바탕으로 네이버 카페 '월천재테크'를 운영하고 있다. 재개발과 재건축에 미래 학군 개념을 도입해 강연 및 저술 활동을 하고 있다.

정재하 한국철도공사 스마트역세권사업단 개발계획팀장을 맡고 있다. 철도와 연계된 역세권 개발 사업을 담당하며, 특히 친환경·스마트·글로벌 도시를 목표로 하는 용산국제업무지구 개발 사업을 추진하는 핵심 전문가다.

표찬 부동산 투자 및 교통 인프라 분석 전문가. 특히 수도권광역급행철도(GTX)를 비롯한 교통 호재가 부동산 시장에 미치는 영향을 전문적으로 분석하고 있다. 유튜브 채널 '싸부TV'도 운영하면서 유용한 정보를 공유하고 있다.

황성우 1세대 분양권 대표 강사다. 공공기관, 증권회사 등에서 강연을 1000회 이상 진행한 청약 전문가로 통한다.

※ 가나다순으로 정리했습니다.

한국경제신문 건설부동산부

김진수 건설부동산부 부장. 한국경제신문에 2000년 입사해 문화부, 유통산업부, 증권부, 중소기업부 등에서 근무했다. 건설부동산부에만 10년 넘게 몸담고 있다.

안정락 건설부동산부 차장. 한국경제신문에서 국제부, 산업부, IT과학부, 스타트업부 등을 거쳤다. 2018~2019년 실리콘밸리 특파원을 역임했다.

이유정 건설부동산부 차장. 2010년 한국경제신문에 입사해 산업부, 국제부, 증권부, 정치부, 유통부 등에서 현장을 취재했다. 〈이코노미스트 2025 세계대전망〉 한국판 등을 번역했다.

강영연 2011년부터 한국경제신문에서 일하며 산업부, 국제부, 증권부, 정치부, 뉴욕특파원 등을 거쳤다. 강영연의 '인터뷰 집', '건축 그리고 건축가' 등의 시리즈로 부동산 시장을 새로운 관점으로 전달한다. 저서로는 〈주식, 나는 대가처럼 투자한다〉, 〈관세전쟁〉, 〈대치동이야기〉, 〈이토록 쉬운 경제학〉 등이 있다.

임근호 건설부동산부 차장. 한국경제신문에 2011년 입사해 증권부, IT과학부, 국제부, 문화부 등을 거쳤다.

유오상 한국경제신문사에서 일하며 건설부동산부에서 취재하고 있다. 재건축, 재개발을 비롯해 부동산 정책 취재를 맡고 있다.

이인혁 2018년 한국경제신문에 입사해 사회부 법조팀, 금융부 등에서 일했다. 2023년부터 건설부동산부에서 현장을 두루 찾아다니고 있다.

오유림 2022년 한국경제신문에 입사한 뒤 중소기업부, 사회부에서 근무했다. 2025년부터 건설부동산부에서 취재하고 있다.

손주형 2024년 한국경제신문에 입사했다. 편집부를 거쳐 2025년 4월부터 건설부동산부에서 취재하고 있다.

한경MOOK
2026 부동산 대전망
한 권으로 끝내는 이재명 정부 부동산 투자 전략 올가이드

펴낸날	초판 1쇄 발행일 2025년 11월 7일
	3쇄 발행일 2025년 12월 26일
발행인	김정호
편집인	하영춘
펴낸곳	한국경제신문
글	김진수·안정락·이유정·강영연·임근호·
	유오상·이인혁·오유림·손주형
제작 총괄	이선정
편집	신정은·박경희·김승호
디자인	임상현·김성훈
홍보마케팅	김규형·서은실·이여진·박도현
인쇄 제작	이채미
인쇄	제이엠프린팅
등록	제2006-000008호
주소	서울시 중구 청파로 463 한국경제신문
기획출판팀	02-360-4553, 4556
영업마케팅팀	02-360-4595, 4583 FAX 02-360-4599
	H http://bp.hankyung.com
	E bp@hankyung.com
	F www.facebook.com/hankyungbp

값 20,000원
ISBN | 978-89-475-0211-5(93320)

한경무크 〈2026 부동산 대전망〉은 한국경제신문사가 운영하는 부동산 전문 브랜드 '집코노미'에서
2026년 부동산 시장 동향·정책·매매·투자 등에 관한 최신 정보를 한 권에 담은 책입니다.

● 잘못 만들어진 책은 구입하신 곳에서 교환해드립니다.
● 이 책은 저작권법에 따라 보호받는 저작물이므로 무단 전재와 복제를 금합니다.